Vom königlichen Casernement
zur Bundesanstalt
Technisches Hilfswerk

Wolfgang Schäche
Norbert Szymanski

Vom königlichen Casernement zur Bundesanstalt Technisches Hilfswerk

Die Gebäudeanlage Soorstraße 84 in Berlin-Charlottenburg

Bibliographische Information der Deutschen Nationalbibliothek
Die Deutsche Nationalbibliothek verzeichnet diese Publikation in der
Deutschen Nationalbibliographie; detaillierte bibliographische Daten
sind im Internet über http://dnb.d-nb.de abrufbar.

Impressum

Herausgeber

Bundesvereinigung der Helfer und Förderer
des Technischen Hilfswerkes e.V.
Soorstraße 84
14050 Berlin
Tel.: (030) 3 06 82-280
E-Mail: info@thw-bundesvereinigung.org
www.thw-bv.de
www.thw.de

Verlag

© 2011 gtb godesberger taschenbuch-verlag
Dreizehnmorgenweg 36
53175 Bonn
ISBN 978-3-87999-054-2

Titelfoto: Jo Berghammer / FACEGARDEN ©
www.facegarden.de

Vorwort

Wir können alten Gemäuern helfen, ihre vermeintliche Seele zu offenbaren, wenn wir sie dabei unterstützen, die eigenen Erinnerungen kund zu tun. Sie erzählen dann von ihrer Planung und Entstehung sowie davon, wie sie über Jahrhunderte genutzt, umsorgt, missbraucht, geschützt, verletzt, missachtet, geheilt, verändert, erhalten wurden und mehr. Die Fachwelt ist davon überzeugt, dass es hier besonderer Wissenschaftler und Spezialisten bedarf, um die Wahrheit an das Licht zu bringen. Deshalb sind wir sehr froh, den erfahrenen Professor für Baugeschichte und Architekturtheorie Dr. Wolfgang Schäche und den Architekten und Bauhistoriker Dipl.-Ing. Norbert Szymanski als Autoren für dieses Buch gewonnen zu haben. Ihnen ist es gelungen, verborgene Zeugnisse der Vergangenheit unseres historischen Gebäudes aufzuspüren, kritisch zu untersuchen und uns die bewegte Entwicklung wahrhaft lebendig, interessant und anschaulich zu präsentieren.

Gerade bei alten Bauwerken mit hohem Erhaltungswert gibt es im Laufe der Zeit immer wieder bautechnische oder nutzungsrelevante Gründe, die umfassende und tiefgreifende Gestaltungsänderungen auslösen können. Fehlt den Eigentümern und Architekten das Verständnis für die Pflege und den Schutz des bauästhetisch wertvollen Bestandes, sind auch solche Häuser einem unsachgemäßen und willkürlichen Umgang ausgeliefert.

Somit ist es den verantwortlichen Planern und Nutzern zu verdanken, dass die seit 1990 umfangreichen Umbaumaßnahmen in und an unserem Gebäude mit minimalem Eingriff in die Bausubstanz und behutsamer Sorgfalt durchgeführt wurden.

Der Ehrenpräsident der THW-Bundesvereinigung Staatssekretär Hans-Joachim Fuchtel, MdB, hat uns mit seinen guten Vorschlägen zur Verbesserung der Wahrnehmung unserer Einsatzorganisation in der Hauptstadt Berlin inspiriert, dieses Buch in Angriff zu nehmen. Somit haben wir nun ein ansprechendes Gastgeschenk für die vielen Persönlichkeiten aus dem In- und Ausland zur Hand, die sich hier im Informationszentrum über die Aufgaben, Arbeit und Struktur des THW informieren.

Dem Künstler und Fotograf Jo Berghammer verdanken wir den ansprechenden Einband unseres Buches und viele hervorragende aktuelle Fotos, die beeindruckend zeigen, wie der Charme des historischen Gebäudes gerade in der Kombination mit modernen Architekturmerkmalen erblüht.

Die Geduld, Kompetenz und Erfahrung von Frau Ursula Kreißig, im gtb-verlag verantwortlich für die herstellerische Betreuung und das Lektorat, trugen maßgeblich dazu bei, den Inhalt unseres Buches durch sein äußeres Erscheinungsbild so präsentieren zu können, dass man eine Balance ausgewogener Überschneidungen von ästhetischen, technischen und künstlerischen Gestaltungselementen in den Händen hält.

Ohne die Unterstützung der THW-Bundesvereinigung mit dem Präsidenten Stephan Mayer, MdB, an der Spitze hätten wir das Buchprojekt in dieser Güte nicht umsetzen können.

Deshalb bedanken wir uns an dieser Stelle sehr herzlich bei allen, die in unterschiedlichster Art und Weise zum Gelingen dieser besonderen Dokumentation beigetragen haben. Zu diesem Kreis gehören auch die ehren- und hauptamtlichen Kräfte, deren Wissen von der bewegten Entwicklung des historischen Gebäudes in das Werk eingeflossen ist.

Albrecht Broemme
Präsident der Bundesanstalt
Technisches Hilfswerk

Manfred Metzger
Landesbeauftragter für
Berlin, Brandenburg,
Sachsen-Anhalt

Grußwort

»Nur wer die Vergangenheit kennt, hat eine Zukunft.«
(Wilhelm von Humboldt, 1767–1835)

Nur ein klarer Blick auf die Vergangenheit hilft uns, die Gegenwart zu verstehen und die Zukunft zu meistern. Gerade das Eintauchen in die Geschichte einer Kaserne in der Charlottenburger Soorstraße kann dafür als beredtes Beispiel dienen. Nach mehr als 45 Jahren vorwiegend militärischer Nutzung bis zum Endes des Zweiten Weltkrieges ist das THW in Berlin seit mehr als sechs Jahrzehnten Nutzer dieses Hauses. In dieser radikalen Änderung der Zweckbestimmung des Gebäudes spiegelt sich wie in einem Kaleidoskop die wechselvolle Geschichte unseres Landes wider. Die Änderung der Zweckbestimmung des Gebäudes ging ebenso mit dem Wechsel seiner Nutzer einher. Junge Männer, die zum Wehrdienst einberufen waren, sollten hier das Kriegshandwerk erlernen, um das Streben nach Weltherrschaft mit Waffengewalt in zwei für die Menschheit verheerenden Kriegen durchzusetzen.

Heute leisten Frauen und Männer auf demselben Gelände freiwillig ihren Dienst für unsere Gesellschaft und engagieren sich im Bevölkerungsschutz für Menschen in der Not. Sie leisten mit ihrer Technik humanitäre Hilfe sowohl in Deutschland als auch weltweit.

All diese Frauen und Männer, Kinder und Jugendlichen sind Mitglieder einer großen Familie, die ihr gemeinsames Dach in der geschichtsträchtigen Charlottenburger Soorstraße gefunden hat. Dies entspricht auch unserem Selbstverständnis: Wir gehören zusammen. Wir, das sind die Bundesanstalt Technisches Hilfswerk mit der Dienststelle des Landesbeauftragten, der Geschäftsstelle Berlin, und dem Ortsverband Charlottenburg-Wilmersdorf, die THW-Bundesvereinigung e. V., die THW-Stiftung und die THW-Jugend e. V. des Landesverbandes Berlin, Brandenburg, Sachsen-Anhalt.

Die THW-Bundesvereinigung e. V. und die THW-Stiftung sehen sich dabei als Motor, der hilft, die Zahnräder – das symbolische Bild der THW-Aktivitäten im In- und Ausland – buchstäblich in Bewegung zu halten. Ich wünsche uns, dass die tragenden Säulen des THW in dieser historischen Liegenschaft weiterhin das Fundament für den engen Zusammenhalt unserer THW-Familie bilden und sich in ihrer Heimstatt wohlfühlen. Diesen Zusammenhalt benötigen wir auch in Zukunft, um der vom Ehrenamt getragenen Verpflichtung zum Schutz der Bevölkerung weltweit gerecht werden zu können.

Ihr

Stephan Mayer
MdB, Präsident der THW-Bundesvereinigung e. V.
Vorsitzender des Vorstandes der THW-Stiftung

Inhalt

Einleitung

»Wer in der Zukunft lesen will,
muss in der Vergangenheit blättern.«
(André Malraux, 1901–1976)

Zentraler thematischer Gegenstand der vorliegenden Publikation ist der von der Bundesanstalt Technisches Hilfswerk (THW) genutzte Gebäudekomplex auf dem Grundstück Soorstraße 84 in Berlin-Charlottenburg. Seine Geschichte ist untrennbar mit der Geschichte des THW in Berlin verbunden, das hier seit mehr als 55 Jahren den Dienstsitz seines Landesbeauftragten hat, der mit der Neuordnung der Landesverbandszuständigkeiten fünf Jahre nach der Wiedervereinigung auch die Verantwortung für das THW in Brandenburg und Sachsen-Anhalt übernahm.

1939/40 als Wirtschaftsgebäude errichtet, war es ursprünglicher Bestandteil einer weitläufigen Kasernenanlage, deren Baugeschichte in die 1890er Jahre zurückgreift. Seine spezifische architektonische Bedeutung bezieht der Bau aus seinem historischen Entstehungskontext sowie seiner vielschichtigen Nutzungsgeschichte. Aber obschon die herausragende Bedeutung des Gebäudekomplexes unstrittig ist, hat sich bis dato noch keine kunsthistorische bzw. architekturhistorische Arbeit in angemessener Weise mit ihm auseinander gesetzt. Insofern ist die vorliegende Darstellung der erste grundlegende Versuch, die Baugeschichte dieser signifikanten Gebäudeanlage darzustellen und in ihren historischen Zusammenhang einzuordnen, wobei sich die Recherche als außerordentlich mühsam und kompliziert erwies. Denn sehr schnell wurde klar, dass sich, vor allem bezogen auf seine Planung und Erbauung, keine Primärquellen erhalten haben. So müssen alle Aktenvorgänge sowie Planunterlagen aus der Bauzeit als Kriegsverluste gelten. Allein einige wenige und zudem weit verstreute Sekundärquellen machten es dennoch möglich, ihre Entstehungsgeschichte sowie Nutzungsgeschichte in den wesentlichen Entwicklungsschritten zu rekonstruieren.

Im Kontext mit der älteren Kasernengeschichte konnte so die Standortgeschichte des heutigen THW-Gebäudes und Grundstückes nachgezeichnet und in diesem Zusammenhang mit einer Reihe von vagen Aussagen, Mutmaßungen bzw. Legendenbildungen zu deren historischem Hintergrund aufgeräumt werden. Von der Bestimmung des Baujahrs, das bis dato fälschlich mit »um 1935 bzw. 1937«

angegeben wurde, über das wahre Ausmaß der Kriegsbeschädigungen und den anschließenden Nutzungsveränderungen bis zum Bezug einer Teilfläche des Gebäudes durch den THW-Landesverband im Jahr 1956, welcher zugleich den Beginn der sukzessiven Verknüpfung der Gebäudegeschichte mit der Geschichte des Technischen Hilfswerkes in Berlin darstellt, wird der komplexe historische Bogen bis zur Gegenwart gespannt und die damit einhergehenden relevanten Wandlungen und Veränderungen darzustellen versucht.

Im Einzelnen gliedern sich die umfänglichen Einlassungen zu dem thematischen Gegenstand in zwei große, chronologisch aufgebaute Betrachtungsebenen, der unter dem Kapitel *Entstehung und Wandel der Westend-Kaserne im Kontext der Nutzungsgeschichte* gefassten Auseinandersetzung mit der Kaserne, die den räumlichen wie zeitlichen Kontext des THW-Standortes nachvollziehbar macht, und der unter dem Kapitel *Vom Wirtschaftsgebäude der ehemaligen Westend-Kaserne zur Bundesanstalt Technisches Hilfswerk – Landesverband Berlin, Brandenburg, Sachsen-Anhalt* abgeleiteten Rekonstruktion der Bau- und Nutzungsgeschichte des ehemaligen Wirtschaftsgebäudes in seiner Entwicklung zur Verwaltungszentrale des THW-Landesbeauftragten für Berlin, Brandenburg, Sachsen-Anhalt. Dem vorangestellt wurde das inhaltlich komprimierte Kapitel *Der Bau von Kasernen in der zweiten Hälfte des 19. Jahrhunderts in Berlin und Umgebung*, welches den thematischen Bezug zum Kasernenbau in und um Berlin herstellt und damit in die unmittelbare Vorgeschichte des heutigen THW-Standortes in Westend einführt. Alle textlichen Ausführungen sind kapitelweise durch themenspezifische Bildfolgen ergänzt, die sowohl der Veranschaulichung zu dienen suchen als auch als Quellenbelege zu verstehen sind. Es handelt sich bei der Mehrzahl der hier publizierten Bilddokumente um bis dato unveröffentlichtes Material. Abgeschlossen wird die vorliegende Arbeit mit einem umfangreichen Anhang, der in systematischer Weise die relevanten Daten zur Bau- und Nutzungsgeschichte des THW-Gebäudes zusammenfasst sowie die Quellen und die Literatur, die zu dieser Untersuchung herangezogen wurden, im Einzelnen benennt.

Der Bau von Kasernen
in der zweiten Hälfte des 19. Jahrhunderts
in Berlin und Umgebung

Der hier in seiner Bau- und Nutzungsgeschichte behandelte Gebäudekomplex des THW in Berlin-Charlottenburg war komplementärer baulicher Bestandteil einer weitläufigen Kasernenanlage, die bereits Ende des 19. Jahrhunderts errichtet wurde. Seine Architektur und stadträumliche Einbindung fügte sich dabei – obschon erst 1939/40 entstanden – selbstbewusst in den einstmaligen Gestaltkontext ein, ohne sich den vorhandenen 40 Jahre älteren Gebäuden des Umfeldes in falscher Anpassung mit historisierenden Stilmitteln anzudienen. Indem er jedoch deren typischen roten Backstein auf die eigene Gebäudefigur übertrug und sich auf ihre Maßstäblichkeit einließ, schrieb er mit seinen Ausdrucksmitteln die signifikanten Charakteristika der angrenzenden Kasernenbauten fort und übersetzte sie gleichsam in einen eigenständigen handwerklich bestimmten architektonischen Duktus.

Um nun den so im heutigen THW-Gebäude angelegten, auf Balance bedachten Dialog von Alt und Neu in seinen typologischen wie architektonischen Zusammenhängen konkreter einordnen zu können, sei deshalb im Folgenden auf die in und um Berlin in der zweiten Hälfte des 19. Jahrhunderts errichteten Kasernenbauten eingegangen, die fraglos die historische Bezugsebene darstellen, welche letztlich zum Bau des heutigen THW-Gebäudes führten.

Betrachtet man die Geschichte des Kasernenbaues in Berlin und Umgebung, so ist zunächst festzustellen, dass es sich bezogen auf die Herausbildung einer spezifischen Baugattung um eine vergleichsweise junge Entwicklung handelt, die in der ersten Hälfte des 18. Jahrhunderts ihren Ausgang nahm. Denn erst in den 1730er Jahren entstanden am heutigen Gendarmenmarkt in Berlin-Mitte die ersten kasernenartigen Unterkünfte für das Regiment Gensdarmes. Vordem hatte man die Soldaten der Berliner Garnison seit den Tagen des Großen Kurfürsten in die Bürgerhäuser einquartiert und seit dem beginnenden 18. Jahrhundert einen Teil von ihnen auch in Baracken, die sowohl innerhalb als auch außerhalb »an die alte Berlinische Stadtmauer angefügt worden waren« (Berlin und seine Bauten, Bd. II, 1896, S. 377). Unter Friedrich dem Großen setzte dann zusehends ein systematisch betriebener Bau von Kasernenanlagen ein, der sich bis zum Ende des 18. Jahrhunderts dabei vornehmlich auf den innerstädtischen Kontext konzentrierte. Nach der Jahrhundertwende kamen dann schließlich in zunehmendem Maße auch Kasernen zur Realisierung, die außerhalb der inzwischen Berlin umfassenden Akzisemauer gelegen waren. Die Notwendigkeit, in das städtische Umfeld auszuweichen, lag vor allem darin begründet, dass der innerstädtische Bereich eine Dichte erreicht hatte, die den Bau der unterdessen typologisch immer differenzierter gewordenen Kasernen nicht mehr zuließ. Die städtische Peripherie wie das weitere Umfeld boten hingegen noch ausreichende Bauflächen für die nun im Kasernenbau präferierten raumgreifenden Gebäude- und Freiflächenkonstellationen.

Vor diesem Hintergrund entstanden dann vor allem im Zeitraum zwischen 1850 und 1900 die in ihrer vielschichtigen architektonischen Gestaltung bedeutendsten und in ihren Ausmaßen größten Kasernenanlagen, die bis dahin im Umfeld des damals noch durch die erwähnte Akzisemauer eingeschnürten innerstädtischen Grundrisses gebaut worden sind. Zu keinem Zeitpunkt davor gab es auch nur annähernd so viele realisierte Kasernenprojekte wie in dieser gesellschaftlich wie politisch so ereignisreichen Phase, die von drei Kriegen sowie der Gründung und Herausbildung des Deutschen Kaiserreiches geprägt war. Berlin avancierte in diesem Zusammenhang von der Hauptstadt Preußens zur *Reichshauptstadt*. Und in dessen Folge expandierte auch die ohnehin schon starke Garnison, was den Bau eben jener so großen Anzahl neuer Kasernen erklärt und begründet.

Architektonisch bemerkenswert erscheint für die in der zweiten Hälfte des 19. Jahrhunderts realisierten Kasernen, dass sie von einer enormen gestalterischen Vielfalt gekennzeichnet sind, wie sie uns in dieser Form und Qualität vorher nicht begegnete. Denn waren die Kasernenbauten, die bis zur Mitte des 19. Jahrhunderts geplant und errichtet wurden, in ihrem baulichen Duktus primär von Funktionalität und Zweckdienlichkeit bestimmt, ohne der formalen Gestaltung größere Aufmerksamkeit zu widmen, kam nunmehr in den neuen Kasernenanlagen neben dem Aspekt der Gesundheitsfürsorge ein erklärter Anspruch auf architektonische Ausdrucksmittel zum Tragen, der neue ästhetische Dimensionen eröffnete.

Anlass für dieses Umdenken in Bezug auf den Kasernenbau war das seit der Mitte des Jahrhunderts aufkommende und immer stärker werdende Bestreben in der Architektur gerade für das öffentliche Bauwesen so etwas wie eine identitätsstiftende »Deutsche Nationalbaukunst« zu schaffen, wie es Manfred Klinkott in seinen anschaulichen Einlassungen zur Backsteinbaukunst der Berliner Schule (1988, S. 426 ff) ausführte. Die formalen Repertoires, die für das »Deutsche« bemüht wurden, bezogen sich vor allem auf die mittelalterliche Baukunst. Sie reichten von romanischen Architekturmotiven bis zu gotisierenden Formengebungen und vereinnahmten im Verlauf der Entwicklung schließlich auch Bau- und Schmuckformen der auf das Mittelalter folgenden Renaissance, wobei im Besonderen auf die *Deutsche Renaissance* abgehoben wurde. So formal unterschiedlich

die Kasernenbauten während dieser Zeitspanne dabei auch gerieten, kennzeich-
nete sie jedoch die handwerkliche Verwendung des Backsteins, der als bevorzug-
tes Baumaterial für die meisten Kasernenanlagen durchgängig bis ins beginnende
20. Jahrhundert verbindlich blieb.

Am Anfang der dichten Abfolge von Kasernenbauten, die gleichsam als eine
neue Generation ihrer Baugattung zu begreifen war, stand die zwischen 1850 und
1854 vor dem Halleschen Tor an der Belle-Alliance-Straße (heute Mehringdamm)
nach Plänen von Ferdinand Fleischinger und Wilhelm Drewitz erbaute Kaserne
des 1. Garde-Dragoner-Regiments. Ihre architektonische Gestaltung suchte dabei
an mittelalterliche Fortifikationsbauten anzuknüpfen. Im Besonderen das an der
Straße gelegene monumentale Hauptgebäude offenbarte mit seinen in gequadertem
Zementputz ausgeführten Fassaden sowie den zinnenbekrönten Turmaufbauten
die damit verbundene Entwurfsidee.

Knapp 10 Jahre später wurde das sich inzwischen bei den neuen Casernements
als Muster herausgebildete Gebäudearrangement, welches von der räumlichen-

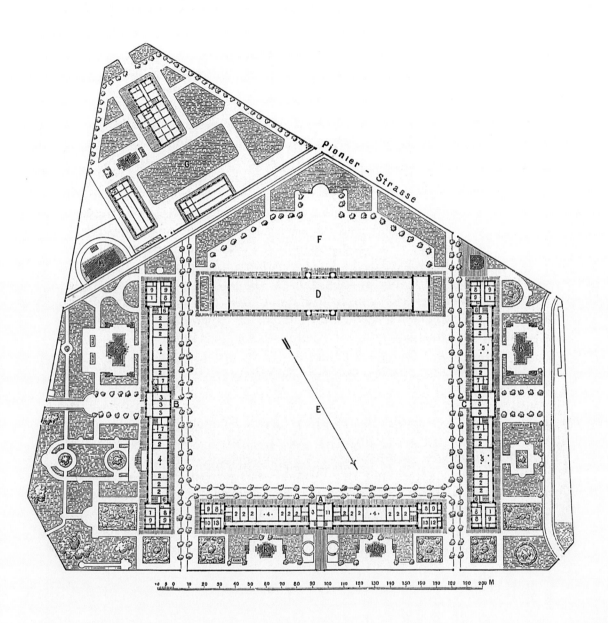

Lageplan vom Casernement des Kaiser-Franz-Garde-Grenadier-Regiments an der Blücherstraße im heutigen
Berlin-Kreuzberg, erbaut: 1863 – 66

Kaserne des Kaiser-Franz-Garde-
Grenadier-Regiments, zeichnerische
Teilansicht der Mannschaftsunter-
kunft, Entwurf: Ferdinand Fleischinger

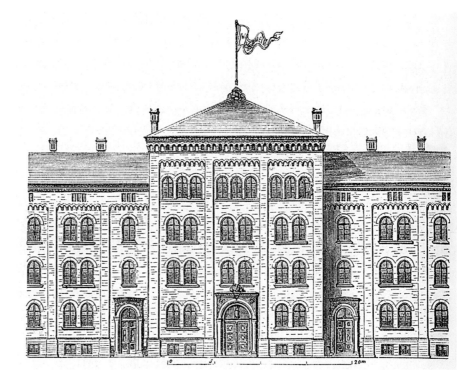

Kaserne des 5. Garderegiments zu
Fuß am Stresowplatz in Spandau,
erbaut 1868 – 71, Aufnahme um 1910

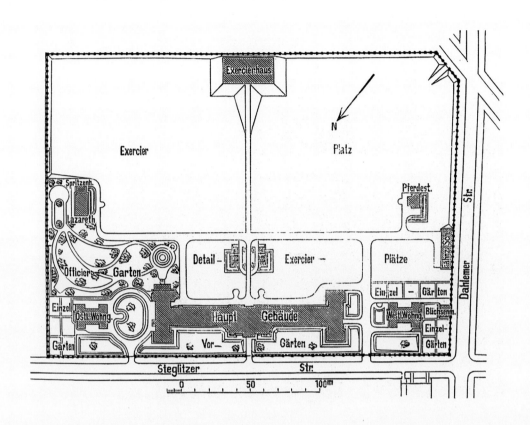

Lageplan vom Casernement des Garde-Schützen-Bataillons in Lichterfelde, erbaut: 1881–84,
Entwurf: Schönhals / Verworn und Ernst August Rossteuscher

Beziehung von Hauptgebäude und Exerzierplatz bestimmt war, am Beispiel der Kaserne des Kaiser-Franz-Garde-Grenadier-Regiments von Ferdinand Fleischinger auf die gestalterischen Charakteristika der Backsteinarchitektur übertragen, wobei nunmehr das Rundbogenmotiv sowie die Lisene zu den prägenden Gestaltungselementen avancierten. Eine sehr vergleichbare Gebäudegestaltung lässt sich schließlich bei dem zwischen 1868 und 1871 erbauten und ebenfalls durchgängig in Backstein ausgeführten Casernement des 5. Garderegiments zu Fuß am Stresowplatz in Spandau wiederfinden.

In der Kasernenanlage des Garde-Schützen-Bataillons in Lichterfelde, welche man in den Jahren 1881–1884 errichtete, wurden die unterdessen zum Leitbild gewordenen architektonischen wie städtebaulichen Prinzipien dann konsequent

Kaserne des Garde-Schützen-Bataillons, Ansicht des Hauptgebäudes, Aufnahme um 1903

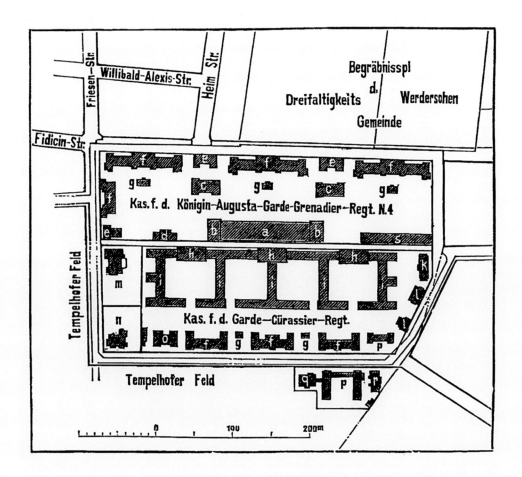

Friesen-Str.
Willibald-Alexis-Str.
Heim Str.

Begräbnissspl
d.
Dreifaltigkeits   Werderschen
Gemeinde

Fidicin-Str.

f   e   f   e   f
g   c   g   c   g
f   Kas. f. d. Königin-Augusta-Garde-Grenadier-Regt. N.4
e   c   b   a   b   s

Tempelhofer Feld

h   h   h   k
m
n   Kas. f. d. Garde—Cürassier-Regt.
o   f   g   g   f   p

Tempelhofer Feld   c   p   r

0   100   200m

fortgeschrieben. Allein die gestalterischen Merkmale, die die Backsteinbauten präg-
ten, hatten sich verändert. Anstelle der Rundbögen beherrschte nun das der Gotik
entlehnte Spitzbogenmotiv die Gebäudefronten und der herausgehobene Mittelbau des Hauptgebäudes erhielt mittelalterlich wirkende Staffelgiebel sowie einen
mächtigen, auf romanische Kirchen anspielenden Turmbau.

Die zwischen 1895 und 1897 am Tempelhofer Feld erbaute Doppelkaserne des
Königin-Auguste-Garde-Grenadier-Regiments Nr. 4 und des Garde-Kürassier-
Regiments führte den Bau von Casernements zeitlich an die Jahrhundertwende
heran, wobei das Gestaltungsrepertoire noch einmal deutlich variiert wurde. Nicht
mehr die Stilmittel der Romanik und der Gotik kamen nun für die Fassaden zum
Einsatz, sondern Motive der *Deutschen Renaissance*.

Lageplan vom Casernement des
Königin-Augusta Garde-Grenadier-
Regiments Nr. 4 und des Garde-
Kürassier-Regiments am Tempelhofer Feld (heute Columbiadamm),
erbaut 1895 – 97, Entwurf: Schönhals
und Vetter

Kaserne des Garde-Grenadier-
Regiments Nr. 4 an der Jüterboger
Straße Ecke Friesenstraße in
Berlin-Kreuzberg, Aufnahme um 1900

Kopfbauten der Alexander-Kaserne
an der Ebertsbrücke in perspektivischer
Ansicht, Umzeichnung 1966

Der in den Jahren 1898 bis 1901 erfolgte Bau der Kaserne des Alexander-Regiments am Kupfergraben in Berlin-Mitte, die der Museumsinsel unmittelbar gegenüber gelegen ist, bildete schließlich den Höhepunkt wie auch den baulichen Schlusspunkt dieser über 50 Jahre währenden Entwicklung. Man war mit dem Bau der Alexander-Kaserne wieder in die Innenstadt zurückgekehrt und hatte hierbei die bewährten Architekturmuster dem großstädtischen Maßstab und den spezifischen Bedingungen der Blockrandbebauung angepasst. Der Architekt der Kaserne, Joseph Wieczoreck, hatte kurz zuvor mit dem zwischen heutiger Königin-Elisabeth-Straße und Soorstraße gelegenen Westend-Casernement jene raumgreifende Gebäudeanlage geschaffen, in die sich am Ende der 1930er Jahre der seit nunmehr 55 Jahren vom Technischen Hilfswerk in Berlin genutzte Bau räumlich einfügte.

Kaserne des Alexander-Regiments am Kupfergraben in Berlin-Mitte, erbaut 1898 – 1901 nach Plänen von Joseph Wieczoreck, Aufnahme 1908

Entstehung und Wandel der Westend-Kaserne im Kontext der Nutzungsgeschichte

Von der Planung und dem Bau der Gebäudeanlage in den Jahren 1893 – 96

Der in den 1890er Jahren realisierte Kasernenbau in Westend war für das Königin Elisabeth Garde-Grenadier-Regiment Nr. 3 bestimmt. Es stellte zu diesem Zeitpunkt ein noch vergleichsweise junges Regiment dar, welches erst wenig mehr als 30 Jahre existierte. Als Stiftungstag gilt der 5. Mai 1860. Den Namen erhielt es ein Jahr später.

Anlässlich seiner Krönung in Königsberg am 18. Oktober 1861 hatte König Wilhelm I. – ab 1871 erster Kaiser des Deutschen Reiches – Königin Elisabeth, die Witwe seines verstorbenen Vorgängers Friedrich Wilhelm IV., zur »Chefin« des Regiments ernannt. Mit der Schirmherrschaft sollte das junge Regiment eng an das Preußische Herrscherhaus gebunden werden, auf das es »bis zum letzten Blutstropfen« einstehe für »König und Vaterland« (Altrock, 1896, S. 13). Seine Bewährungsproben bestand es im Krieg gegen Dänemark (1864), im sogenannten Feldzug gegen Österreich und Sachsen (1866) und im deutsch-französischen Krieg (1870/71), wo es jeweils erfolgreich an großen militärischen Auseinandersetzungen (Erstürmung der Düppeler Schanzen, Gefecht bei Soor und Burkersdorf, Einnahme von Le Bourget) teilgenommen hatte.

Das Quartier des Regiments befand sich bis zum Umzug nach Westend in Spandau. Sein erster Schritt nach Charlottenburg erfolgte jedoch bereits im Jahr 1889, als das Füsilier-Bataillon die von August Stüler 1859 durch zwei – heute noch existente – repräsentative Eckbauten ergänzte alte Kasernenanlage an der Schloßstraße Ecke Spandauer Straße (heute Spandauer Damm) bezog, welche dem Cour d'honneur des Charlottenburger Schlosses gegenüber gelegen war. Fast 150 Jahre hatte hier das stolze Gardes du Corps residiert, jene legendäre königliche Leibgarde, an die noch heute unweit davon eine Straße erinnert, ehe es zugunsten der Füsiliere des Königin Elisabeth Garde-Grenadier Regiments Nr. 3 den Standort räumen musste. Für die weiteren Regiments-Bataillone reichte der Platz jedoch nicht aus, so dass diese weiterhin in Spandau verbleiben mussten.

Da man das gesamte Regiment jedoch nach Charlottenburg verlagern und möglichst an einem Standort zusammenziehen wollte, gedieh sehr bald der Plan, einen

Königin Elisabeth Garde-Grend.-Rgt. No. 3

Kaserne

Charlottenburg

Kasernenneubau zu errichten, der für alle Truppenteile, das heißt für insgesamt mehr als 2 000 Mann, Unterkunft und entsprechende Infrastruktur bieten sollte. Als ein geeigneter Bauplatz für die neue Kaserne erwies sich ein noch ungeordnetes, von Maulbeergestrüpp aus der Zeit Friedrichs des Großen überwuchertes Areal am Ostrand der 1866 gegründeten Villenkolonie Westend, das trotz seiner Hanglage zwei gewichtige Vorteile aufwies: zum einen die geringe Entfernung zur Stadt und zum Schloss Charlottenburg, zum anderen der in unmittelbarer Nähe gelegene Vorort-, Ring- und Stadtbahnhof Westend, welcher einen schnellen Transport von Truppen und Ausrüstungen bei Manöverübungen oder aber im Kriegseinsatz ermöglichte.

Das als Bauplatz ausgewählte Gelände gehörte zu dieser Zeit einem vermögenden Privatier, dem Doktor der Philosophie Georg August Freund, der da selbst Unter den Linden 69 in einer opulenten »Junggesellenwohnung« logierte, die sich über vier Obergeschosse erstreckte und nach seinen Vorgaben 1889/90 von dem renommierten Architekten Wilhelm Walther erbaut worden war.

Schon im Mai 1891 befassten sich der Charlottenburger Magistrat und die Stadtverordnetenversammlung mit dem Bauvorhaben der Westend-Kaserne und stimmten diesem grundsätzlich zu. Nur einen Monat später veräußerte Georg August Freund von seinem Grundbesitz eine annähernd sechs Hektar große Teil-

Kolorierte Bildpostkarte eines Garde-Grenadiers mit Regiments-Standarte, die Gebäudeansicht zeigt den westlichen Eckbau der Kaserne an der Schloßstraße in Charlottenburg

fläche an den Reichsmilitärfiskus zum Preis von 768 624 Mark. Zum Vergleich: Für den Neubau seines Wohn- und Geschäftshauses Unter den Linden 69 hatte er – ohne Grunderwerbskosten – 186 000 Mark aufbringen müssen.

Entsprechend dem der Beschlussvorlage beigefügten Fluchtlinienplan sollte das neue Casernement für das Königin Elisabeth Garde-Grenadier-Regiment Nr. 3 zwischen den projektierten Straßen 32 (heute Königin-Elisabeth-Straße) und 36 (heute Soorstraße) errichtet werden. Es dauerte dann jedoch noch einige Zeit, bis alle offenen Fragen geklärt waren und der mit den Planungen beauftragte Garnison-Bauinspektor Joseph Wieczoreck den formellen Bauantrag stellen konnte. Am 23. März 1893 reichte er die ersten Entwürfe zur Genehmigung bei der Charlottenburger Baupolizei ein. Das Konvolut umfasste neben einem Lageplan Zeichnungen einer Mannschaftsunterkunft, zweier Wohnhäuser für verheiratete Unteroffiziere, eines Exerzierhauses und eines zunächst »Offiziers-Speiseanstalt« genannten Kasinos. In dem Begleitschreiben bat der Garnison-Bauinspektor, der auch die Bauausführung leitete, um »rasche Prüfung« der Unterlagen. Zwei Monate später war der Bauerlaubnisschein erteilt und es konnte »schleunigst« mit den Arbeiten begonnen werden.

Bauantrag zum Neubau der
Kaserne in Westend, unterzeichnet
von Garnison-Bauinspektor
Joseph Wieczoreck, 23. März 1893

Ausschnitt mit dem Gelände
der Westend-Kaserne aus dem
»Großen Verkehrs-Plan Berlin
mit seinen Vororten«, angefertigt
von Wilhelm Maraun, 1896

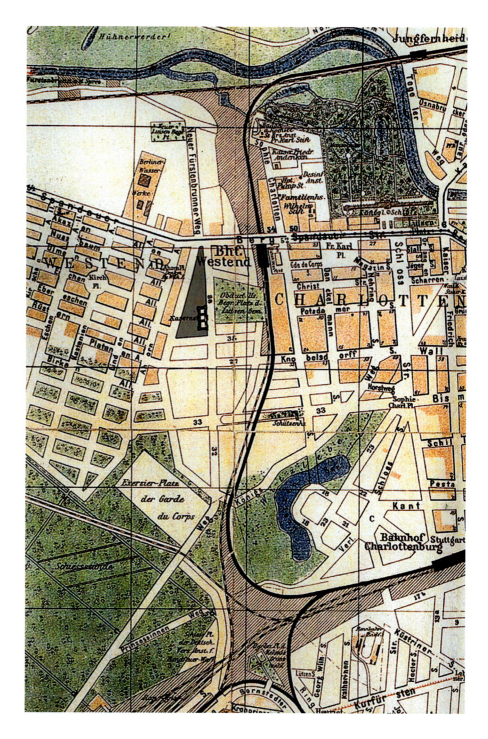

Die noch fehlenden Entwurfszeichnungen waren schließlich im März 1894 bzw. mit Verzögerung im April 1895 fertig gestellt und betrafen ein Lagerzwecken dienendes sogenanntes Kammergebäude, die Mannschaftsunterkunft für das 4. Bataillon, zwei Bedürfnisanstalten, den Offizierspferdestall für 27 Tiere sowie drei Wagenschuppen.

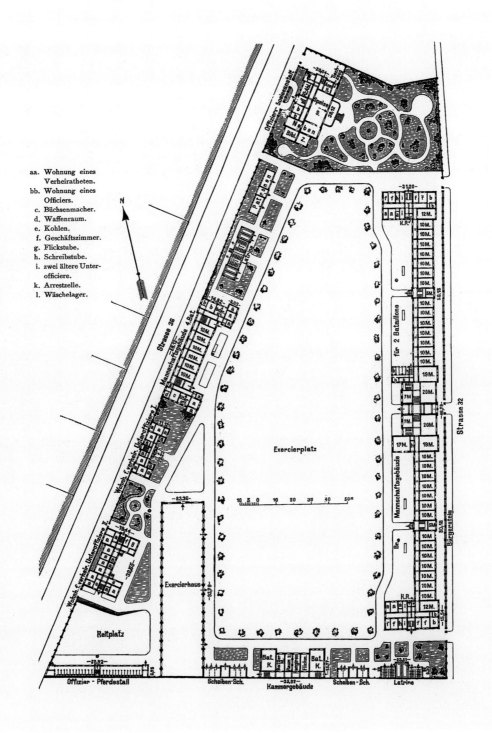

Das Casernement des Königin Elisabeth Garde-Grenadier-Regiments Nr. 3 in Westend,

Grundriss der Gesamtanlage, 1896

27

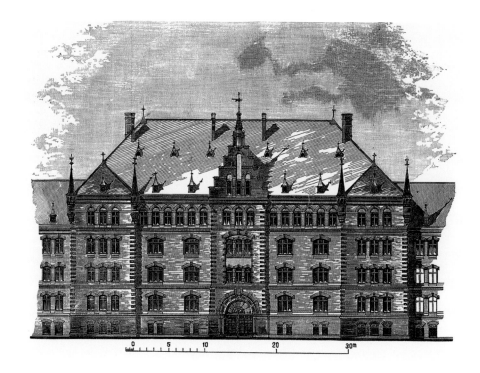

Für die Anordnung der Gebäude auf dem Gelände war die Belassung eines möglichst großen, zentralen Kasernenhofes bestimmend gewesen. Aus diesem Grunde
sollte auch das 1. und 2. Bataillon gemeinsam im zentralen Haupthaus der Anlage
untergebracht werden. Es wurde an der heutigen Königin-Elisabeth-Straße errichtet. Das langgestreckte Gebäude wies über einem durchgehenden Sockelgeschoss
drei Vollgeschosse auf. Der Mittelbau und die beiden kräftigen Eckbauten hatten
vier Geschosse. Hier befanden sich die Wohn- und Wirtschaftsräume der Grena-
diere. Sie entsprachen den damals für Kasernen üblichen Standards. Jeweils zehn
Soldaten teilten sich eine Stube und zur Verrichtung der Notdurft mussten die
Männer das Gebäude verlassen und die im Hof erstellten Toilettenhäuser (»Nord-
und Südlatrine«) aufsuchen.

In der letzten Phase der Bauausführung erfuhr das Bauprogramm der Anlage
dann durch die Entscheidung der obersten Militärführung, das 4. Bataillon vom
Regiment zu trennen und dem in Spandau neu aufgestellten 5. Garderegiment zu

Rechte Seite: Ansichts-, Schnitt- und Grundrisszeichnung
zur Nordlatrine, datiert 22. April 1895

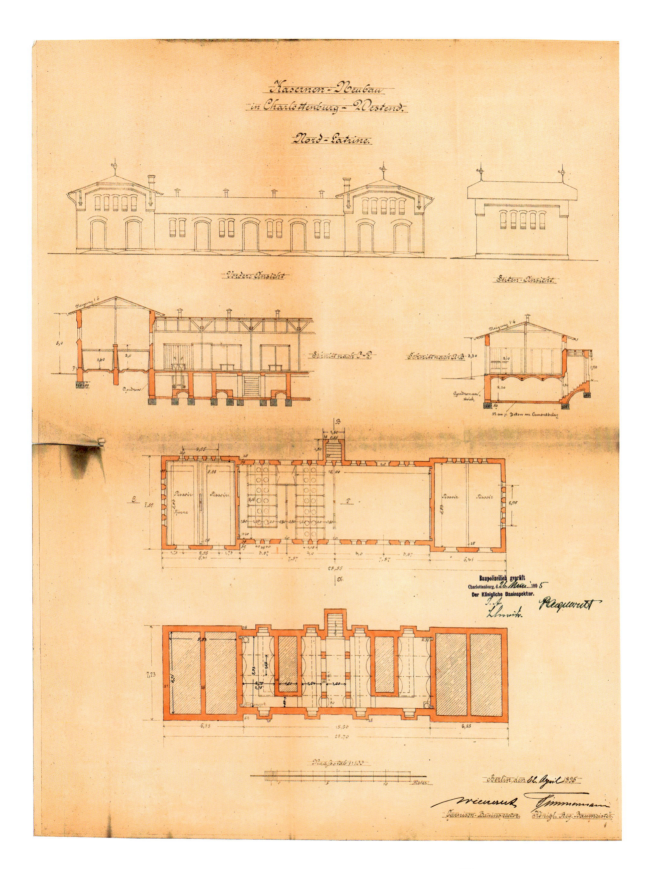

Kasernen-Neubau
in Charlottenburg-Westend.

Nord-Latrine.

Ballonaufnahme von Westend aus
östlicher Richtung, im Vordergrund
der Kasernenneubau für das Königin-
Elisabeth-Regiment, um 1910

Fuß anzugliedern, noch eine entscheidende Änderung. Denn anstelle der dafür vorgesehenen, aber nun nicht mehr benötigten Mannschaftsunterkunft an der heutigen Soorstraße wurde eine »Festungsbauschule«, also eine Lehranstalt zur Ausbildung von Militäringenieuren, errichtet.

Bei der architektonischen Durchbildung der Kasernenanlage suchte Joseph Wieczoreck dem Wunsch nach einer »nationalen« Architektur zu entsprechen, indem er auf Gestaltungselemente vornehmlich der mittelalterlichen deutschen Baukunst zurückgriff. So waren beim Hauptgebäude die kräftig betonten Eckbauten wie auch der Mittelbau durch Staffelgiebel, Ecktürmchen und Sandsteingliederungen belebt. Zierliche Gauben und hohe Schornsteinköpfe nahmen den mit Schieferplatten eingedeckten Walmdächern die lastende Schwere. Reduzierter, und dabei der Bedeutung sowie Funktion jeweils angepasst, fand sich der am Hauptgebäude verwendete Formenkanon auch bei den übrigen Kasernenbauten wieder.

Schon nach etwas mehr als dreijähriger Bauzeit war das neue Casernement für das Königin Elisabeth Garde-Grenadier-Regiment Nr. 3 dann fertig gestellt. Der

Oben: Gesamtansicht vom
Hauptgebäude an der
Königin-Elisabeth-Straße,
Aufnahme um 1900

WESTEND-CHARLOTTENBURG. KASERNE D. KÖNIGIN ELISABETH GARDE-GREN.-REGT. NO. 8.

»Grüße aus Charlottenburg«:
die Westend-Kaserne als
Postkartenmotiv, kolorierte
Ansicht des Hauptgebäudes
an der Königin-Elisabeth-Straße

31

Die Kasernenbauten an der
Soorstraße, im Vordergrund
die Wohnhäuser für verheiratete
Soldaten, im Hintergrund
die Festungsbauschule

Die Kasernenanlage aus
nördlicher Richtung gesehen,
in der Bildmitte das Offizierskasino

am 17. Juni 1896 vorgenommene Einzug der Soldaten in ihre neue Unterkunft
geriet zu einem militärischen Schauspiel, an dem die gesamte Militärführung sowie der Kaiser höchstselbst teilnahmen. Wilhelm II. trug zu diesem Anlass die
Uniform des Elisabeth-Regiments. Nachdem die Bataillone, ehemalige Regiments-
offiziere sowie die Mitglieder des Elisabeth-Vereins auf dem Kasernenhof Aufstellung genommen hatten, wurde als Hauptakt der Einweihungszeremonie das im
Bereich der Zufahrt an der heutigen Soorstraße situierte Regimentsdenkmal feierlich enthüllt.

Postkarte mit dem bewachten
Haupteingang der Kaserne an
der Soorstraße, heute die Einfahrt
zum THW-Gebäude

Die den in den Einigungskriegen Gefallenen des Regiments gewidmete Denkmal-anlage hat hierbei alle Stürme der Zeit überstanden und befindet sich noch heute im Wesentlichen unverändert an dem Standort, wo sie vor nunmehr 115 Jahren aufgestellt worden war. Die Anlage wurde von Ernst Müller-Braunschweig geschaffen und stellte dessen ersten großen künstlerischen Auftrag dar. Sie setzt sich aus einer dreiflügeligen Wandeinfassung aus rotem Sandstein und dem mittig aufgestellten, eigentlichen Denkmal zusammen. Es besteht aus einem mehrfach gestuften hohen Sockel, welcher ebenfalls aus rotem Sandstein gefertigt ist und auf einer Basis aus Granit auflagert. Er trägt eine in Bronze gegossene lebensgroße Figur eines voranstürmenden Fahnenträgers in zeitgenössischer Uniform, welcher die Physiognomie des Regiments-Sergeanten Hübner zeigt, der bei Le Bourget gefallen war. Bei der plastischen Gestaltung der Figur diente Müller-Braunschweig offensichtlich das einstmals auf dem Wilhelmplatz in der Friedrichstadt befindliche Generals-Standbild des Grafen Schwerin als Vorbild, dessen Abguss heute auf dem nur wenige Schritte davon entfernten Zietenplatz steht.

Den Denkmalsockel ziert an der Vorderseite ein in Zinkguss ausgeführtes Profilbildnis der Königin Elisabeth, während an den Seiten entsprechende Tafeln die Schlachten, an denen das Regiment beteiligt war, sowie dessen Ehrentage aufführen. Auf der Rückseite des Postaments befindet sich die Widmung des Denkmals. Sie lautet: »Seinen gefallenen Helden zur Ehre und zum Gedächtnis des Königin Elisabeth Garde-Grenadier-Regiment Nr. 3. 17. Juni 1896«. Auf weiteren fünf Tafeln – angebracht an der rückwärtigen Sandsteineinfassung der Denkmalsanlage – sind die Namen der gefallenen Offiziere, Unteroffiziere und Mannschaften genannt.

Im Anschluss an die Enthüllung hielten der Regimentskommandeur, Oberst Freiherr von Buddenbrock-Hettersdorf, und Wilhelm II. kurze Ansprachen, in

Gruss aus Westend-Charlottenburg.

Offizier-Casino des
Königin Elisabeth-Garde-Grenadier-Regts. No. 3.

denen mit pathetischem Gestus viel von Gehorsam, Pflichtgefühl und Treue die Rede war. Nach dem Abspielen der Nationalhymne und einem dreimaligen »Hurra!« auf den Kaiser defilierten die Bataillone in Kompaniefronten dann im Parademarsch über den Kasernenhof.

Nach der Einführungszeremonie begab sich der Kaiser mit seinem Gefolge in das neuerbaute Offizierskasino an der heutigen Soorstraße. In dem Speisesaal und den angrenzenden Räumen war die Tafel für 145 Personen eingedeckt. Zu den geladenen Gästen zählte auch »der Garnison-Bauinspektor Wieczoreck, der die neue Kaserne erbaut und sich den Dank des Offizierkorps durch rege Mitwirkung bei der Aufstellung des Denkmals und der geschmackvollen Einrichtung des Regimentshauses erworben hatte« (Langrock, 1897, S. 462). Die gediegene Wandverkleidung des Speisesaales war von den »ehemaligen Kameraden des Regiments« gestiftet worden, wovon eine (heute allerdings nicht mehr vorhandene) Inschrift auf der Eichentäfelung Zeugnis ablegte: »Die Alten den Jungen«. Die Finanzierung des kostbaren Kronleuchters und der Wandleuchten des Saales hatten die Reserveoffiziere übernommen. Bei der Tafel erhob sich zuerst der Regimentskommandeur und dankte Wilhelm II. für sein Erscheinen. In seiner Tischrede wies der Kaiser darauf hin, dass das Offizierkorps den Grundpfeiler der preußischen Ordnung (»Geschehnisse«) darstelle und es die Pflicht der Kameraden sei, fest zusammenzuhalten. Seine, die Aufgabe des Monarchen, aber wäre es, als »getreuer Ekkehard« darüber zu wachen, dass in keiner Weise an den Einrichtungen des Offizierskorps gerüttelt werde, von welcher Seite es auch immer versucht würde. Nach Aufhebung der Tafel verweilte der Kaiser noch einige Zeit im Kreise des Offizierkorps, »das erst in früher Morgenstunde auseinander ging« (ebenda, S. 461).

Das Regimentsdenkmal mit Blumen-
schmuck anlässlich der Einweihung
am 17. Juni, Aufnahme 1896

Charlottenburg
Kaserne Königin Elisabeth-Garde-Grenadier-Rgt. No. 3

Parade des Regiments
auf dem Kasernenhof

Der Architekt und Baumeister Joseph Wieczoreck hat die Fertigstellung der Westend-Kaserne, welche sein Hauptwerk darstellte, nur um wenige Jahre überlebt.
Noch mit den Plänen zum Neubau der Alexander-Kaserne am Kupfergraben in
Berlin-Mitte beschäftigt, starb er im Jahre 1899 überraschend im Alter von nur
58 Jahren. Seine Grabstätte ist noch existent. Sie befindet sich auf dem für die
Geschichte Berlins so bedeutenden Friedhof der Jerusalems- und Neuen Kirchen-
gemeinde in der Zossener Straße in Berlin-Kreuzberg.

Von der Nutzung der Kaserne in der ersten Hälfte des 20. Jahrhunderts

Mehr als zwanzig Jahre lang belebten die »Elisabether« mit ihren leuchtend blauen Uniformen und dem eingestickten »E« mit der Krone auf den gelben Schulterklappen das Charlottenburger Straßenbild und erfreuten sich großer Popularität. Viel dazu bei trug des Kaisers »Allerhöchster Gnadenbeweis«, als er im Jahre 1898 während der alljährlich stattfindenden Frühjahrsparade seine Schwester, die im Volke beliebte Prinzessin Sophie, zur Nachfolgerin der bereits 1873 verstorbenen »Regiments-Chefin« Königin Elisabeth bestimmte.

Sophie, bereits seit 1889 mit Kronprinz Konstantin von Griechenland verheiratet, besuchte seit der Ernennung zur »Regiments-Chefin« bei Aufenthalten in Berlin regelmäßig »ihr« Regiment. Besonders wenn sie in Begleitung ihres Ehemannes, der Söhne oder ihres kaiserlichen Bruders kam, geriet die Visite zum militärisch prunkvoll inszenierten Ereignis. Der Chronist des Regiments vermerkte zu

Lageplan der Westend-Kaserne, links unten vermerkt: »Entworfen und ausgeführt in den Jahren 1892 – 96 durch den Garnison-Bauinspektor Wieczoreck«, realisierter Zustand, 1902

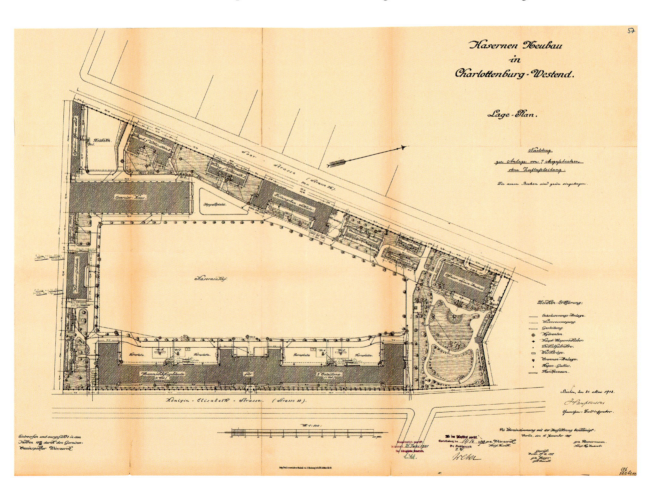

einem dieser Besuche: »Am 2. September (1899) hatte das Regiment wiederum die Ehre, den erlauchten Chef in Begleitung Seiner Majestät des Kaisers in Westend begrüßen zu dürfen. Die Bataillone standen in offenem Viereck auf dem Kasernenhof. Nachdem die hohen Herrschaften die Front abgegangen waren, nahmen sie im Regimentshause im Kreise der Offiziere und ihrer Damen den Tee« (Altrock, 1909, Anhang S. 5). Die junge Prinzessin, bei der Ernennung zur »Regiments-Chefin« gerade einmal 28 Jahre alt, wusste bei ihrem Erscheinen hierbei die Charlottenburger Bürger und die Soldaten zu begeistern, zumal sie als Angehörige des europäischen Hochadels gleichsam höfischen Glanz nach Westend brachte.

Aber auch ohne die beliebte Schwester besuchte der Kaiser bei jeder sich bietenden Gelegenheit gerne das Offizierskasino an der Soorstraße. So tat er es auch anlässlich der am 14. Oktober 1901 stattgefundenen Enthüllung des Denkmals für den Prinzen Albrecht von Preußen, welches am Ausgang der nur einige hundert Meter von der Westend-Kaserne entfernten Schloßstraße aufgestellt worden war. Nach der Denkmalweihe fuhr Wilhelm II. durch ein von Grenadieren und Füsilieren gebildetes Spalier zum Frühstück ins Offizierskasino, das mit des Kaisers Lieblingsspeise, einem Schokoladenauflauf, endete. Bei einem früheren Besuch hatte

Links oben: Titelblatt der Regiments-
geschichte, bearbeitet von
Constantin von Altrock, zweite
erweiterte Auflage, 1909

Rechts oben: Die »Regiments-Chefin«
Prinzessin Sophie von Preußen,
Porträtaufnahme mit Widmung
für das Offizierskorps, 1907

er scherzend geäußert: »Das ist der einzige Auflauf, den ich in meinem Reiche dulden darf« (Altrock, 1909, Anhang S. 11).

Im Lauf der Jahre nahm die Einrichtung des Offizierskasinos durch die Überlassung einer Vielzahl von Ausstattungsgegenständen und Memorabilien immer stärker einen die Geschichte des Regiments widerspiegelnden musealen Charakter an. So schmückten neben Ölgemälden, die Königin Elisabeth, die Prinzessin Sophie und Wilhelm II. in Paradeuniform zeigten, großformatige Schlachtenbilder wie der *Sturm auf die Düppeler Schanzen* und die *Einnahme von Le Bourget* des in Charlottenburg geborenen Malers Erich Mattschaß die Wände im Kasino. Im Speisesaal stand, gerahmt von den Regimentsfahnen, als Geschenk des Kaisers eine Bronzebüste der verstorbenen Königin Elisabeth. Und die Angehörigen des ehemaligen Regimentskommandeurs Conrad von Zaluskowski stifteten als Ausstellungsstück die Uniform, die dieser bei seiner in Frankreich erlittenen tödlichen Verwundung trug. Die Kronprinzessin von Griechenland hatte bei einer ihrer Visiten »als neuen wertvollen Schmuck für das Regimentshaus zwei Nachbildungen von Ausgrabungen des Professors Schliemann« überreicht (Altrock, 1909, Anhang S. 2).

Mit Bedauern musste nach der Jahrhundertwende das Offizierskorps mit ansehen, wie die bauliche Ausdehnung Charlottenburgs nach Westen die freie Lage ihres Regimentshauses zunehmend einengte. Als schließlich auf den Bauplätzen der Soorstraße und Königin-Elisabeth-Straße fünfgeschossige Mietshäuser entstanden, war der freie Blick von der Veranda des Kasinos über Charlottenburg bis nach Berlin hinein nicht mehr gegeben. Hinzu kam, dass durch die Verbreiterung der Königin-Elisabeth-Straße eine 113 Quadratmeter große Teilfläche vom Regimentshausgarten abgetreten und als dessen Folge die Kegelbahn aufgegeben werden musste. Die gezahlte Entschädigung wurde dafür verwendet, die Gartenterrasse in einen Wintergarten zu verwandeln und an Stelle der Kegelbahn ein Treibhaus zu errichten, das dem Offizierskorps stets frische Blumen liefern sollte.

Zehn Jahre nach Fertigstellung der Westend-Kaserne wurde dann auch das südlich angrenzende Areal bebaut. Hier am Süd- bzw. Nordrand zweier durch die Haeseler Straße getrennter Baublöcke errichtete der *Berliner Spar- und Bauverein* (später umbenannt in *Berliner Bau- und Wohnungsgenossenschaft von 1892*) in drei Abschnitten eine über 1 000 Mieteinheiten umfassende Wohnanlage. Mustergültig erfüllte die »Siedlung Charlottenburg« die Forderungen der Reformbewegung nach gut belichteten und belüfteten Wohnungen zu bezahlbaren Preisen, wie sie der große Architekt Alfred Messel mit seinen Wohnbauten für die Genossenschaft in der Sickingenstraße in Moabit (1893) und in der Proskauer Straße in Friedrichshain (1897/98) beispielhaft vorgegeben hatte. Jede Wohnung war in sich abgeschlossen und verfügte über Flur, Innentoilette (mit Hängeboden), Küche (mit Speisekammer) und einen Balkon oder eine Loggia. An jedem Aufgang befand sich im Dachgeschoss eine Waschküche und eine Badestube für die Mieter der Ein- und Zweizimmer-Wohnungen. Gleichsam als »ziviles« Pendant zum Offiziers-

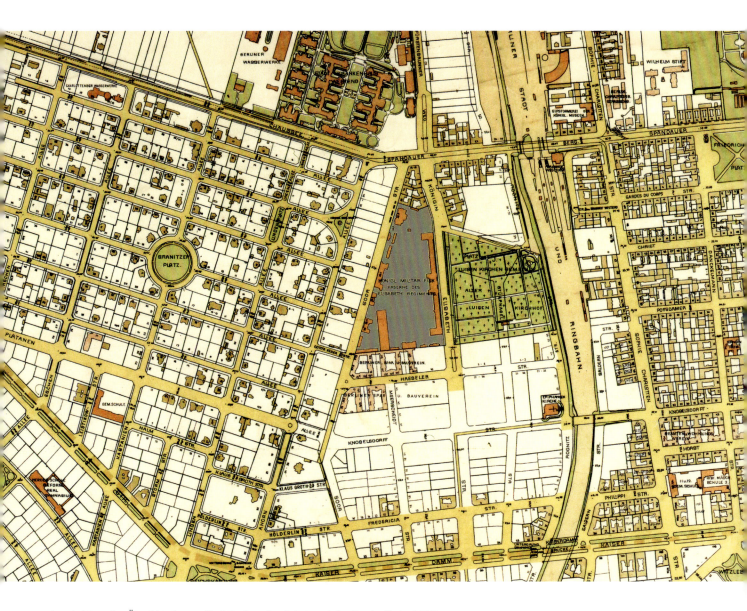

Ausschnitt aus dem Übersichtsplan von Charlottenburg, bearbeitet von Julius Straube, Zustand 1910

kasino entstand 1913 – dem Jahr der Fertigstellung der Wohnanlage – im nordöstlichen Hof eine Gemeinschaftseinrichtung, die einen Saal für 500 Personen, eine vereinseigene Gastwirtschaft mit mehreren Kegelbahnen und eine Bibliothek mit Lesesaal umfasste.

Die Entwürfe für die heute unter Denkmalschutz stehende Wohnanlage fertigte der Architekt Paul Kolb, der für die zuvor von der Genossenschaft erbaute Siedlung Nordufer am Wedding verantwortlich zeichnete und später in der Nachfolge Messels auch mit Erweiterungsplänen zum Warenhaus Wertheim am Leipziger Platz beschäftigt war.

Bildpostkarte der Wohnhäuser an
der Soorstraße Ecke Spandauer Berg
(heute Spandauer Damm), erbaut
in den Jahren 1903 – 04

Die Wohnanlage Charlottenburg
der *Berliner Bau- und Wohnungsgenossenschaft von 1892,*
Bauteil an der Soorstraße 77 – 79
Ecke Haeselerstraße 24 – 28,
erbaut 1906 – 13 nach Plänen von
Paul Kolb, Aufnahme um 1915

An der Haeseler- und Königin-Elisabeth-Straße wurde noch gebaut, als die Ausrüstung des Regiments mit einer neuen Waffe, dem Maschinengewehr, erste Ergänzungsbauten auf dem Kasernengelände bedingte. Das Maschinengewehr (MG), eine bereits im späten 19. Jahrhundert gemachte Erfindung des amerikanischen Elektrotechnikers Hiram Maxim, erhöhte zwar die Feuerkraft enorm, konnte wegen seiner Größe und seines Gewichts über weite Strecken aber nur mit Fahrzeugen transportiert werden. Deshalb entstand neben einer Büchsenmacherwerkstatt, einer Schmiede und einem weiteren Pferdestall als größeres Vorhaben ein viergeschossiges Mannschafts- und Fahrzeuggebäude zur Unterbringung der neu formierten Maschinengewehr-Kompanie samt seiner Ausstattung. Es gehört zu den wenigen Bauten, die von der einstmaligen Westend-Kaserne auf die Gegenwart überkommen sind.

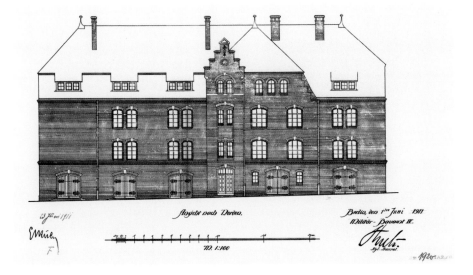

Neubau des Mannschafts- und Fahrzeuggebäudes für die Maschinengewehr-Kompagnie, Zeichnung der Nordansicht, datiert 1. Juni 1911

Das in seinem heutigen Zustand arg ramponierte und seines stattlichen Daches beraubte Gebäude, welches nun schon mehr als ein halbes Jahrhundert als Fernfahrerhotel genutzt wird, ist im übrigen für die Geschichte des Technischen Hilfswerkes (THW) in Berlin von herausragender Bedeutung. Denn hier hatte sich bereits im März 1953 der THW-Ortsverband Charlottenburg konstituiert, was letztlich die Aufmerksamkeit des Landesverbandes auf den Standort lenkte und zu seinem späteren Zuzug auf das Kasernengelände an der Soorstraße führte.

Nur wenige Jahre sollte es dauern, bis das Maschinengewehr in den blutigen Schlachten und den mörderischen Stellungskämpfen des Ersten Weltkrieges dann in bis dahin nicht gekanntem Ausmaß zum Einsatz kam. Das damit verbundene sinnlose Gemetzel, dem Millionen von Menschen zum Opfer fielen, endete 1918 mit der militärischen Niederlage Deutschlands. Wilhelm II. musste auf Druck der politischen Ereignisse abdanken und ging ins Exil in die Niederlande. Das Versailler Friedensdiktat erlaubte der in der Nachfolge des Kaiserreiches gerade entstandenen jungen *Weimarer Republik* nur ein stehendes Berufsheer in der Größenordnung von 100 000 Mann.

Im Zuge der verordneten Demobilisierung wurde auch das Königin Elisabeth Garde-Grenadier-Regiment Nr. 3 aufgelöst und die Kaserne in Westend zu einer Polizeiunterkunft umfunktioniert. Die durch die Nutzungsänderung nicht mehr benötigten Pferdeställe an der Soorstraße baute man zu Stellplätzen für Automobile um und verpachtete sie an einen privaten Betreiber, der hier die *Westend-Garage* mit Reparaturwerkstatt und Tankstelle eröffnete, einer der ersten dieser Art in der Stadt.

Gleichwohl hielten während der 1920er Jahre politisch einflussreiche Traditionsverbände das Andenken an das Königin Elisabeth Regiment aufrecht. Insbesondere der 1919 gegründete erzkonservative monarchistisch ausgerichtete *Ver-*

Die Maschinengewehr-Kompagnie
vor dem Neubau, rechts
anschließend der neue Pferdestall,
Bildpostkarte 1910

ein der Offiziere des Königin Elisabeth Garde-Grenadier-Regiments Nr. 3 versuchte, durch Veranstaltungen und die Herausgabe eines Mitteilungsblattes die ehemaligen »Elisabether« in demokratiefeindliche Bahnen zu lenken.

Auf seine Initiative wurde im Lietzensee-Park ein Denkmal für die im Ersten Weltkrieg gefallenen Regimentsangehörigen errichtet, bei dem nicht die Trauer um die Toten, sondern – versinnbildlicht durch die Figur eines nackten Jünglings mit erhobenem Schwert – der Krieger nach siegreicher Schlacht im Vordergrund stand. Die Ideenskizze dazu hatte der »Regimentskamerad« Hauptmann a. D. Erich Freiherr von Stössel geliefert. Die Umsetzung und architektonische Ausgestaltung des am 3. Mai 1925 enthüllten Denkmals lag in den Händen von Eugen Schmohl, dem Architekten des legendären Ullstein-Hauses in Berlin-Tempelhof. Während die von dem Bildhauer Wilhelm Gerstel geschaffene Bronzefigur im Zweiten Weltkrieg eingeschmolzen wurde, blieb die Denkmalanlage ansonsten erhalten. Lokalisiert vor einer steilen Parkböschung besteht das Denkmal aus einer halbrunden Einfassung aus Muschelkalkstein, die einen kleinen Ehrenhof einschließt, zu dem von der offenen Stirnseite zwei Stufen hinauf führen. Am hohen tafelartigen Mittelteil der Rückwand unter dem Relief eines gekrönten, die Schwingen ausbreitenden Adlers ist die Widmung eingelassen: »Vom Königin Elisabeth Garde-Grenadier-Regiment 3 starben im Weltkriege 1914/18 den Heldentod 142 Offiz. 375 Unt. Offiz. 3678 Gren.u.Füsiliere«. Darunter folgt die Aufzählung von 64 Schlachten, an denen das Regiment beteiligt war. Auf dem leeren flachen Sockel, auf dem einstmals die Figur stand, ist heute eine Bronzetafel angebracht.

Die Nutzung der Westend-Kaserne als Polizeiunterkunft endete schließlich 1935. Nach der Machtergreifung durch die Nationalsozialisten am 30. Januar 1933 hatte Hitler – zunächst unter strenger Geheimhaltung – die rasche Aufrüstung der Reichswehr befohlen. Aus den bestehenden sieben Divisionen sollten binnen kür-

Bildpostkarte des Denkmals für die im Ersten Weltkrieg gefallenen Soldaten des Königin Elisabeth Garde-Grenadier-Regiments Nr. 3, aufgestellt im Park am Lietzensee am 3. Mai 1925

zester Zeit 36 Divisionen aufgebaut und zu einer »neuen Wehrmacht« formiert werden. Auf Grund eines »Führererlasses« trat am 1. März 1935 die Reichsluftwaffe mit dem Reichsminister der Luftfahrt an der Spitze als dritter Wehrmachtsteil neben das Reichsheer und die Reichsmarine. Nur zwei Wochen später ordnete Hitler die Überführung der Landespolizeigruppen in die Wehrmacht an. Dies betraf auch die in der Westend-Kaserne untergebrachte, zwischenzeitlich nach Hermann Göring benannte Polizeigruppe »West«, die als »Regiment Hermann Göring« in die Luftwaffe übernommen wurde.

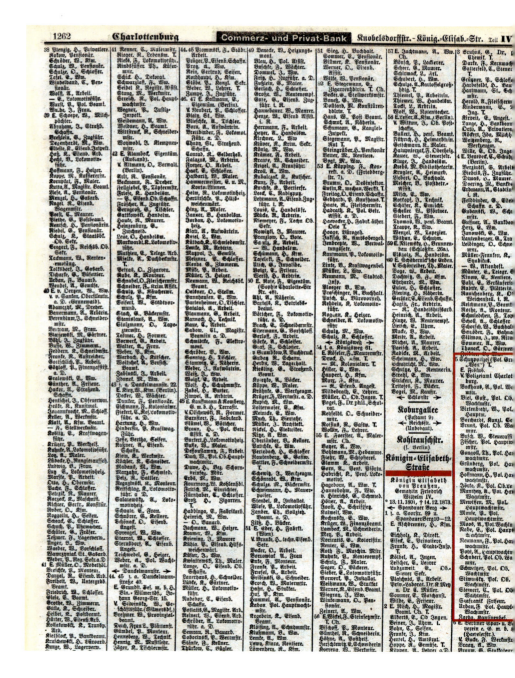

Über die folgenden zehn Jahre, in denen die Westend-Kaserne dann als Standort der Luftwaffe diente, ist bis dato nur wenig bekannt. Das Berliner Adressbuch von 1937 verzeichnete »Stab und 1. Battaillon« des Regiments als Nutzer und das Polizeiamt Charlottenburg als Verwalter der Anlage. Unter der Sammelanschrift Soorstraße 80 – 85 war zudem noch das Polizeirevier 124 aufgeführt. Während die Polizeidienststelle auch in der letzten vor Kriegsende erschienenen Adressbuchausgabe von 1943 noch genannt wurde, fehlten bereits ab 1939 jegliche Angaben zur militärischen Nutzung der Kaserne.

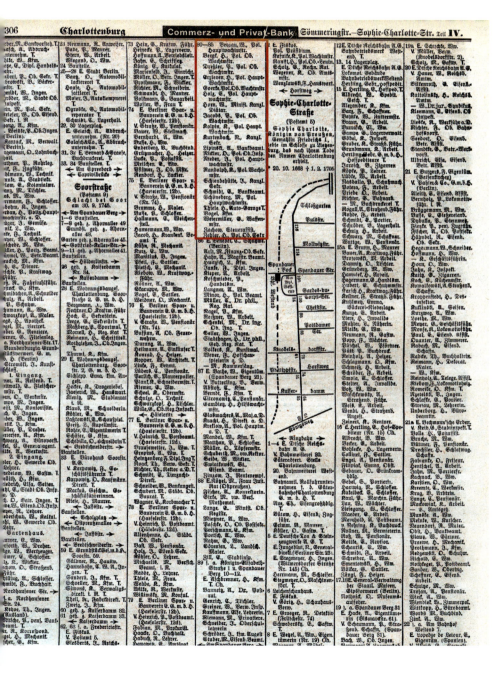

Auszug aus dem Berliner Adressbuch von 1927, die Kasernenanlage diente zu diesem Zeitpunkt überwiegend als Polizeiunterkunft

Umso aufschlussreicher ist daher ein Artikel, der sich in der Ausgabe der Berliner Tageszeitung *Der Westen* vom 31. März 1939 fand und einen ersten bedeutsamen Hinweis auf die Bauzeit des heute vom THW genutzten Gebäudekomplexes enthält. Unter der Überschrift »Wieder Soldaten in Charlottenburg« berichtete die Zeitung ausführlich über den Umbau und den zukünftigen Nutzer der Westend-Kaserne: »Die geräumige Kaserne der alten ›Elisabether‹ in Charlottenburg, Königin-Elisabeth-Straße, wird morgen, am 1. April, aus ihrem etwa einjährigen Dornröschenschlaf geweckt. Das Wachbataillon der Luftwaffe Berlin verlässt seine bisherige Behausung, die alte Garde-Kürassier-Kaserne in Tempelhof, und zieht um nach Charlottenburg.« Denn schon Anfang Mai 1938 waren, so der Verfasser weiter, die »Fliegersoldaten nach Reinickendorf in neue Kasernen« gezogen und »bald darauf begann man die Charlottenburger Kaserne aufzufrischen […] Alle Räumlichkeiten mussten von Kopf bis Fuß modernisiert werden. Die Wände erhielten einen hellen, freundlich wirkenden Farbanstrich, die Fenster und Türen wurden gestrichen und teilweise die Fußböden erneuert. Insgesamt waren 9000 Quadratmeter Parkettfußboden herzustellen. Eine weitere Hauptarbeit war die Anlage einer modernen Kanalisation. Es sind viele Kilometer Rohrleitungen verschiedener Stärkegrade verlegt worden. Die Kaserne […] wird jetzt zentral geheizt […] Vorläufig geschieht die Heizung von einem provisorischen Heizhaus auf dem Kasernenhof. Kürzlich wurde mit Ausschachtungsarbeiten begonnen zum Bau eines großen Wirtschaftshauses, das im Laufe des Sommers noch fertig werden soll. Korridore, Treppen, Beleuchtungskörper – alles ist neu hergerichtet worden […] Schließlich hat der Kasernenhof teilweise eine neue Pflasterung erhalten und nun gehen auch die Gärtner daran, der nächsten Umgebung den letzten ›Schliff‹ zu geben. So finden also die Soldaten des Wachbataillons der Luftwaffe Berlin ein Heim vor, wie sie es sich lichter, schöner und behaglicher kaum denken können […]« (*Der Westen*, 31. März 1939).

Die dann wahrscheinlich erst Anfang 1940 erfolgte Fertigstellung bzw. Inbetriebnahme des erwähnten neuen Wirtschaftsgebäudes – der heutigen THW-Dienststelle – war dem Tagesblatt für die westlichen Bezirke dann sichtlich nicht mehr Ereignis genug, um darüber zu berichten, zumal mit Beginn des Zweiten Weltkriegs am 1. September 1939 die Berichterstattung von den Kriegsschauplätzen die lokalen Nachrichten von den Zeitungsseiten zunehmend verdrängte.

Als Planverfasser des Gebäudeentwurfs darf die 1939 gebildete Bauabteilung des *Reichsluftfahrtministeriums (RLM)* gelten. Ihre Mitarbeiter rekrutierten sich vornehmlich aus Architekten, die ihr Studium bei dem auf Handwerklichkeit bedachten Heinrich Tessenow in Berlin bzw. bei Paul Schmitthenner in Stuttgart absolviert hatten. Eine Anstellung bei der Luftwaffe bot den Vorteil, dass hier die auf Sparsamkeit ausgerichteten und zum Teil sehr eng gefassten Heeres-Baubestimmungen nicht galten. Bei der architektonischen Gestaltung der Gebäude konnten dementsprechend Baustoffe und Bauformen berücksichtigt werden, die der jeweiligen Umgebung entsprachen und so eine harmonische Einbindung der Neubauten ermöglichten. In bautechnischer Hinsicht war man allerdings den gleichen Einschränkungen wie beim Heer unterworfen. Der Mangel an Eisen zwang zum Rückgriff auf bewährte traditionelle Konstruktionsformen, wie z. B. den Stichbogen oder den scheitrechten Bogen für die Eingänge und Fenster sowie im Innenbereich für die großen Öffnungen der Flügeltüren in den in der Regel durchgängig breiten Mittelfluren.

Bemerkenswert erscheint, wie geschickt das erhebliche Bauvolumen von 12 700 Kubikmeter umbauten Raumes durch die Anordnung in T-Form in die Abfolge der vorhandenen Kasernenbauten an der Soorstraße zwischen ehemaliger Festungsbauschule und Offizierskasino eingepasst wurde und wie durch die gewählte Gebäudefigur zwei Hofbereiche entstanden, die es wegen der unterschiedlichen Nutzung räumlich zu trennen galt: nördlich das repräsentative Entrée mit eingefasster Grünanlage und südlich der etwas größere gepflasterte Hof für die Anlieferung von Lebensmitteln und Heizmaterial.

Ausschnitt aus dem Stadtplan von Berlin, Planverfasser: Hauptvermessungsamt, Ausgabe 1931

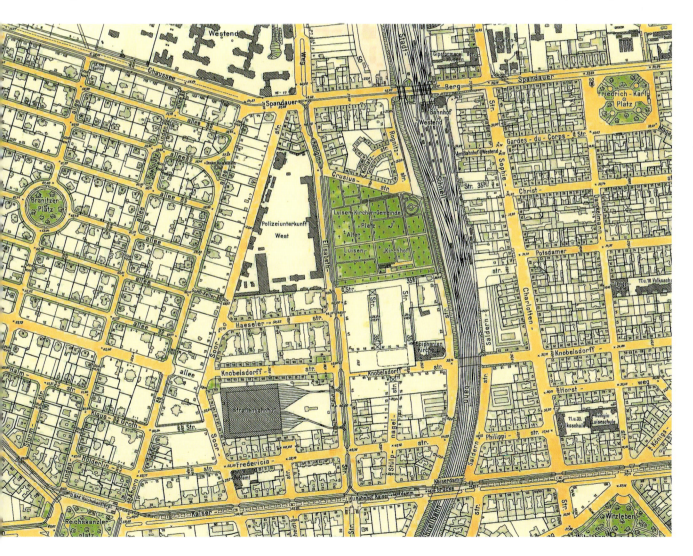

Von den Kriegszerstörungen und den Nutzungen des Gebäudebestandes seit 1945

Am Ende des Zweiten Weltkriegs lag die Westend-Kaserne in weiten Teilen in Trümmern. Der größte Baukomplex, das langgestreckte Mannschaftsgebäude an der Königin-Elisabeth-Straße, war am stärksten getroffen und nur noch eine Ruine. Schwere Schäden wiesen auch die beiden einstmals für verheiratete Soldaten erbauten Wohnhäuser an der Soorstraße und das ehemalige Exerzierhaus auf. Dagegen hatten das alte Offizierskasino und das 1939/40 errichtete neue Wirtschaftsgebäude das Kriegsinferno leicht beschädigt überstanden, während das zwischen Offizierskasino und neuem Wirtschaftsgebäude situierte Gefallenen-Denkmal von 1896 nahezu unversehrt überkommen war.

Bei der angrenzenden Mietshausbebauung bot sich dem Betrachter ein ähnliches Bild wie auf dem Kasernengelände. Ausgeglühte Gebäudehüllen, wie das von Alfred Schrobsdorff erbaute herrschaftliche Wohnhaus an der Soorstraße / Ecke Spandauer Damm, standen neben wiederaufbaufähigen Bauten. Während jedoch die Ruinen auf der Kasernennordseite erst sehr viel später abgeräumt wurden und die Grundstücke lange Zeit unbebaut blieben, stellte sich die *Berliner Bau- und Wohnungsgenossenschaft von 1892* schon bald nach Kriegsende der Aufgabe, auch die schwersten Gebäudeschäden in ihrer südlich anschließenden Wohnanlage zu beseitigen.

Aufgrund der zwischen den alliierten Siegermächten vereinbarten Nachkriegsordnung und der daraus resultierenden Teilung Berlins in vier Sektoren gehörte der Verwaltungsbezirk Charlottenburg dem britischen Sektor an. Nach der Einnahme Berlins durch die *Rote Armee* und der am 2. Mai 1945 unterzeichneten Kapitulation durch den Stadtkommandanten, General Helmuth Weidling, vergingen noch zwei Monate, ehe das erste britische Militärkontingent in das ihm zugewiesene Stadtgebiet – neben Charlottenburg umfasste es noch die Verwaltungsbezirke Spandau, Tiergarten und Wilmersdorf – einrücken konnte.

Zur Unterbringung und Versorgung der Einheiten requirierten die Briten sämtliche in ihrem Sektor vorhandenen noch intakten Militärbauten, darunter mit Datum vom 1. August 1945 auch die an der Soorstraße gelegenen noch nutzbaren Kasernenbauten, die nun unter der Bezeichnung *Elisabeth Barracks* geführt wurden. Die vorgefundene Ausstattung ausnutzend, dienten diese u. a. weiter als Kasino *(Sergeants' Mess)*, aber auch als Wohnmöglichkeit für Feldwebel *(Warrant Officers)*. So war das Kasernenareal vorerst in einen »militärischen« und einen »zivil« genutzten Bereich unterteilt.

Die nicht von den Briten beschlagnahmten Baulichkeiten unterstanden dem neu geschaffenen *Verwaltungsamt für ehem. Reichsgrundbesitz in Berlin*. Da es nach Kriegsende überall in der Stadt an Büro-, Lager- und Werkstatträumen fehlte, wur-

Links: Luftbild vom Kasernenareal und der nächsten Umgebung, Befliegung 1938

49

Luftbild der Royal Airforce von der Gegend um die Westend-Kaserne, Befliegung 11. April 1944

B a u g r u p p e *vom 16.7.1948*

W e r t s c h ä t z u n g

von reichs- und staatseigenen Grundstücken im Bezirk
Charlottenburg an der Königin Elisabeth- u.Soorstraße.
Elisabeth - Kaserne .

Lfd. Nr.	Bezeichnung	bebaute Fläche qm	umbauter Raum cbm	Preis je cbm RM	Gesamtbetrag	Entwert. d. Alter %	bleiben. Bauwert RM	Entwert. d. Schäden %	verbleib. an Bauwert RM
1	Kaserne I	4040,90	67113	20	1342260	53	630862	80	126 172,-
2	Kasino *– jetzt Jugendheim*	831,70	7454	22	163988	51	80354	20	64 283,-
3	Kaserne II *(4.83)*	916,-	11531	20	230620	51	113000	20	90 400,-
4	Wohnhaus I (*82*)	291,-	3804	20	76080	53	35758	30	25 031,-
5	Wohnhaus II *(4.4)*	490,-	6522	20	130440	51	63916	60	25 566,-
6	Kammergeb. *(4.6)*	496,4	8190	18	147430	50	73715	20	58 972,-
7	Exerzierhaus *(9)*	2175,-	10875	10	108750	52	52200	60	20 880,-
8	Kasino II *(8)*	1104,-	12700	22	279400	5	265430	20	212 344,-
9	Pferdestall *(6)*	489,-	3120	15	46800	51	22932	20	18 346,-
10	3 Aborte *(4.2)* (Ställe)	309,-	1436	15	21540	51	10555	20	8 444,-
11	Wirtschaftsgeb	466,- *(13)* 6757		18	121630	10	109463	30	76 624,-
12	Außenanlagen								250 000,-
									977 062,-

Architektenhonorar u. Bauleitung   48 853,-

Für Grund und Boden= 51 153 qm je 30,- =   2 046 120,-

Gesamtsumme: RM 3 072 035,-

Wertermittlung der Westend-Kaserne
auf der Basis von Baualter und
Schadensgrad, Aufstellung mit
handschriftlicher Datierung vom
16. 7. 1948

den durch das Amt nach und nach mehr als ein Dutzend Gewerbebetriebe auf dem Gelände angesiedelt.

Bereits 1948 übergab die Britische Militärbehörde das ehemalige Offiziers-kasino (Soorstraße 85) an das Bezirksamt Charlottenburg, das nach einer zwischen-zeitlichen Nutzung als Quarantänestation für Tuberkulosekranke dort ein Jugend-freizeitheim einrichtete, zu dessen Eröffnung am 4. November 1950 führende Politiker West-Berlins wie Ernst Reuter, Louise Schroeder, Otto Suhr und hohe Militärs der Alliierten geladen waren.

Erst sechs Jahre später erfolgte die Freigabe für das bis dahin von einem nicht näher bezeichneten »englischen Truppenteil« genutzte Wirtschaftsgebäude. Bei dessen Übergabe am 21. Januar 1954, an der Vertreter der Britischen Militär-behörde und verschiedener Berliner Dienststellen (*Besatzungslastenamt, Besat-zungsbaudienststelle beim Senator für Bau- und Wohnungswesen, Verwaltungsamt für ehem. Reichsgrundbesitz*) teilnahmen, wurde zur Ermittlung möglicher Bele-

gungsschäden ein »Beweissicherungs-Protokoll« erstellt. Erhebliche Schäden bzw. Verluste waren besonders bei den Fenstern und Fußböden zu verzeichnen gewesen. So fehlten bei der Begehung sämtliche Innenfensterflügel und in einigen Räumen im Obergeschoss das Stabparkett. In dem knapp zweiseitigen Schriftstück – Pläne lagen bei der Übergabe nicht vor – sind für das Erdgeschoss einige »bauliche Veränderungen« vermerkt, »die jedoch schwer zu rekonstruieren sind, da der Urzustand nicht bekannt ist. So wurde z. B. ein Kühlraum mit Nebengelassen eingerichtet […] Ebenso wurde aus dem hinteren laubenförmigen Eingang ein geschlossener Raum geschaffen« (THW-Archiv, Beweissicherungsprotokoll vom 21. Januar 1954).

Das nunmehr für die gesamte Bauanlage zuständige Verwaltungsamt hatte schon vor der Rückgabe wegen der erheblichen Kriegszerstörungen den Plan aufgegeben, die Kaserne in ihrer Gesamtheit wieder herzustellen. Statt dessen wurde das mehr als sechs Hektar große Areal in verschiedene Baufelder bzw. Nutzungs-

Blick auf das schwer beschädigte südöstlich an die Kaserne angrenzende Wohnhaus der *Berliner Bau- und Wohnungsgenossenschaft von 1892,* Aufnahme Otto Hagemann, Mai 1950

Ansicht des Wohngebäudes an der
Königin-Elisabeth-Straße während
des Wiederaufbaus, Aufnahme
Otto Hagemann, September 1952

bereiche aufgeteilt. Wie eine kurz nach der Freigabe aufgestellte »Mietwertermitt-lung« belegt, sollte auch das ehemalige Wirtschaftsgebäude an der Soorstraße in Teilflächen an kleinere und mittlere Gewerbebetriebe vermietet werden. Doch da meldeten gleich zwei von der Aufgabenstellung her sehr unterschiedliche Bundes-behörden ihren Wunsch nach Unterbringung in dem von den Briten freigegebenen Gebäude an: Die Dienststelle zur Erfassung von Vorstrafen, das *Bundesstrafregister* (später in *Bundeszentralregister* umbenannt), und die *Bundesanstalt Technisches Hilfswerk (THW)*. Während die beim Strafregister Beschäftigten noch im Jahr der Freigabe die ihnen zugewiesenen, provisorisch hergerichteten Büroräume beziehen konnten, hatte das THW zunächst einmal das Nachsehen, denn die verbleibenden freien Flächen genügten nicht dem aufgestellten Belegungsplan. Erst nach länge-rer Bedenkzeit und wohl auch weil sich anderweitig kein geeignetes Objekt finden ließ, bezog das THW zum 1. Januar 1956 die vom Verwaltungsamt angebotenen Räume in der Soorstraße 84.

54

Zwei Jahre später begann mit der Sprengung der Ruinen an der Königin-Elisabeth-Straße die Beseitigung großer Teile der Kasernenanlage. Die Enttrümmerung dieses Geländebereiches dauerte mehr als 18 Monate und war erst Mitte 1959 beendet. Eine insgesamt 10 354 Quadratmeter große abgeräumte erste Teilfläche erwarb im Juli 1960 die *Bundesanstalt für Arbeitsvermittlung und Arbeitslosenversicherung in Nürnberg,* in der Absicht, hier einen Arbeitsamtsneubau zu errichten. Zwei Jahre später kaufte die landeseigene *Berliner Kraft- und Licht (BEWAG)-Aktiengesellschaft* eine zweite Fläche von 3 006 Quadratmetern zur Errichtung eines Abspannwerks. Während das BEWAG-Gebäude binnen Jahresfrist seiner Bestimmung übergeben werden konnte, dauerte es bis 1967, ehe mit dem Neubau des Dienstgebäudes für das Arbeitsamt III begonnen wurde. In zwei unmittelbar aufeinander folgenden Bauabschnitten 1970 fertig gestellt, begründeten schon bald steigende Arbeitslosenzahlen die Forderung nach einem Erweiterungsbau. Im März 1980 veräußerte das nunmehr für die Verwaltung des restlichen Kasernengeländes

Blick auf das Regiments-Denkmal; bis auf den Verlust der Säbelklinge des Fahnenträgers hatte das Denkmal das Kriegsinferno unbeschadet überstanden, Aufnahme Irmgard Wirth, um 1950

Ausschnitt aus der Karte von Berlin,
Planverfasser: Bezirksvermessungsamt, Ausgabe 1956

57

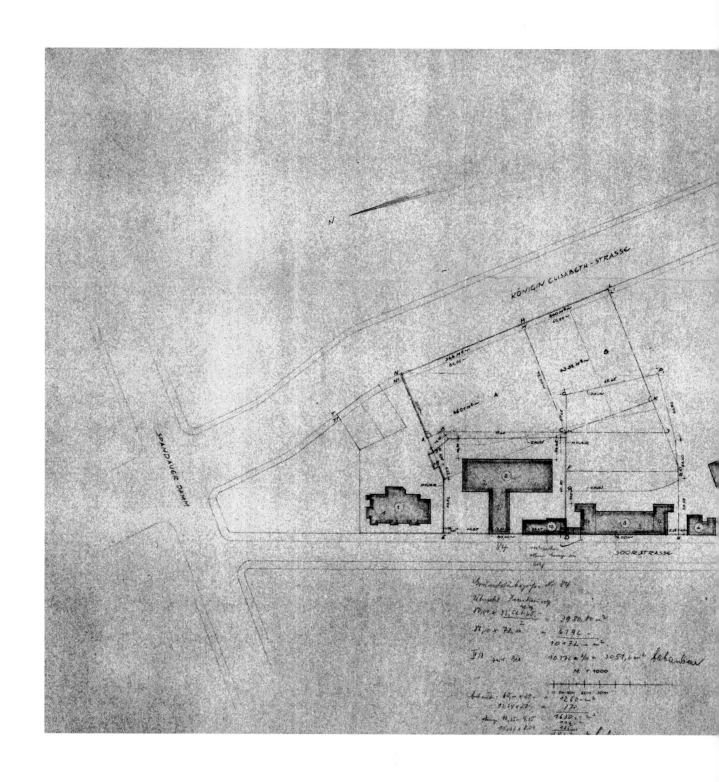

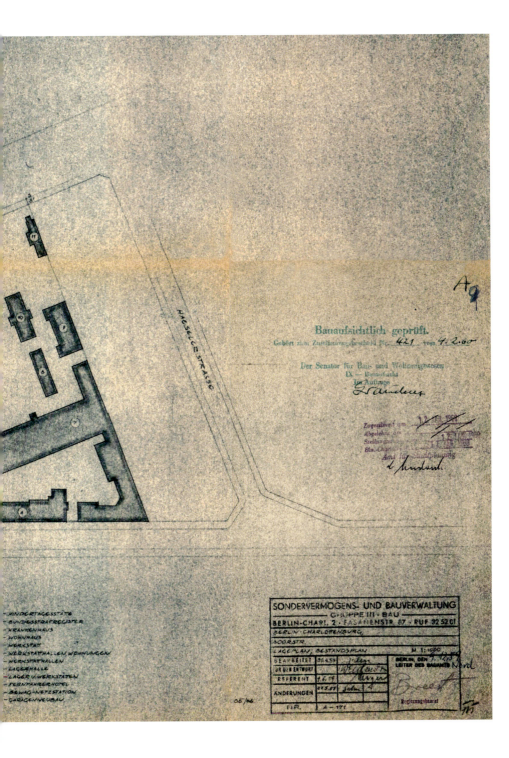

Bestandsplan mit Gebäude-
legende (Haus 1–12), Planverfasser:
Sondervermögens- und Bauverwaltung – Baugruppe III, datiert
9. Dezember 1959

Lfd. Nr.	Lage der Räume	Art der Räume	a) Name des Betriebsin- habers, b) Art des Betriebes	Nutzfläche der gewerbl. Räume qm	monatl. Sollmiete am Stichtag
				qm	DM
1	Königin-Elisabeth- Str. 49/51, Haus 4, I.Stock	Büro- räume	Bundesanstalt Techni- sches Hilfswerk	201,86	81,02
2	Soorstr. 84 Keller,Erdgesch.	"	Bundesanstalt Techni- sches Hilfswerk	702,46	326,90
3	Königin-Elisa- beth-Str.47/51	Tankstelle	Continentale Mine- ralöl-Handelsges.	--	12,50
4	Königin-Elis.- Str. 47/51 Haus 2, Erdgesch.	Lagerräume	a) Erich Ehrt b) Sackfabrik	50,52	28,73
5	Königin-Elis.- Str. 47/51 Haus 2,Erdgesch.	Garage	a) Carl Eichler b) Gemüsehändler	26,64	20,16
6	Königin-Elisab.- Str. 47/51 Haus 4. K.,E., I. u. II.Stock	Lagerräume Kantine Küche Schlafräume	a) Arthur Guttmann b) Fernfahrer- hotel	700,23	751,66
7	Königin-Elisab.- Str. 49. K.,E. und I. Stock	Büro- und Werkstatt	a) Fa. Gleitex b) Autoreifen Runderneuerung	472,37	311,30
8	Soorstr. 82 E. u. II.Stock	Lagerräume Büroräume	a) Heinz Schäfer b) Baugeschäft	150,58	177,05
9	Königin-Elisab. Str. 47/51 Haus 4, K. u. E.	Lagerräume Garage	a) Linnemann & Co b) Käsegroßhandel	288,83	246,73
10	Königin-Elisab.- Str. 47/51 Haus 2, E.	Lagerraum	a) Wilhelm Kraatz b) Fuhrunternehmer	30,78	43,76
11	Soorstr. 82 Erdgeschoß	Lageraum	a) Hans Schicht b) Fuhrunternehmer	41,97	28,54
12	Königin-Elisab. Str. 47/51 Haus 5, K.,E. und I.Stock	Lagerraum Büroräume	a) Textil-Konter GmbH b) Textilfirma	984,76	906,73
13	Königin-Elisab.- Str. 47/51 Haus 5, K., E., I. u. II. Stock	Lager-Büro- u.Werkstatt- räume	a) Trebes & Henning b) Handschuhmacherei	928,46	787,06
14	Soorstr. 80/81 Haus 6, 8, 9, 9a, 13, 13a, 14 und 14a	Wohnungen Büro-Lager- u. Werkstatt- räume, Tankstelle	a) Eduard Winter b) Autoreparatur- werkstatt	5.162,93	4.241,23
15	Soorstr. 82 Haus 10, E.	Werkstatträume	a) Paul Zehl b) Motorenwerkstatt	93,81	106,46
	Summen (Spalten 6-8 und 10)			96xxxx98	8.069,83
	Jahresbeträge (Summen x 12)				96.837,96

60

zuständige *Vermögensamt der Sondervermögens- und Bauverwaltung Berlin* eine
weitere Teilfläche von etwa 6 175 Quadratmetern an die Bundesanstalt für Arbeit.
Mit der 1985 erfolgten Schlüsselübergabe für den Erweiterungskomplex war die
bauliche Transformation zu einem Behördenstandort in diesem Bereich schließlich abgeschlossen.

 Während also an der Königin-Elisabeth-Straße seit mehr als einem halben Jahrhundert, als man die letzten baulichen Hinterlassenschaften weggeräumt hatte,

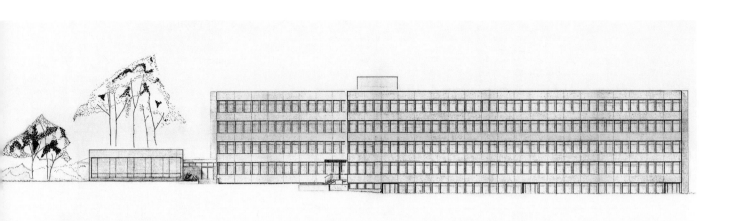

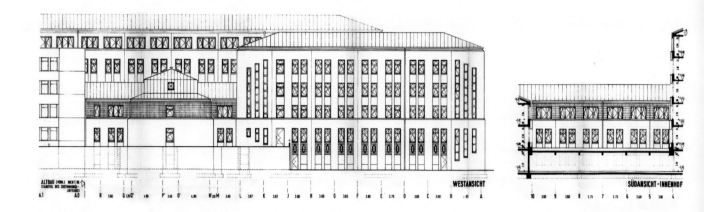

nichts mehr an die einstmalige Westend-Kaserne erinnert, hatte sich an der Soorstraße ein Gebäudeensemble, bestehend aus der einstmaligen Festungsbauschule,
dem Wirtschaftsgebäude von 1939/40 sowie dem ehemaligen Offizierskasino,
erhalten. Dessen wohl proportionierte Konfiguration wird allerdings heute durch
einen jeden Maßstab sprengenden Neubau eines privaten Investors für die *Bundes-
versicherungsanstalt für Angestellte* (heute *Deutsche Rentenversicherung*) empfind-
lich gestört. Ursprünglich wollte hier die *Eduard Winter KG* ein zweigeschossiges
Autohaus mit angeschlossener Reparaturwerkstatt errichten, doch die Pläne zer-
schlugen sich und die 1971 erworbene Teilfläche an der Soorstraße 80–81 wurde
wieder verkauft. Der statt des Autohauses errichtete siebengeschossige Büro-
komplex (Architekten: Steinebach & Weber), der die Teilfläche Soorstraße 82 mit
einbezog, war bereits in Genehmigungsverfahren wegen »schwerster Überbauung«
(*Der Tagesspiegel* vom 27. März 1988) in die Kritik und in das Visier des bezirkli-
chen Rechtsamtes geraten. Dies führte jedoch nicht dazu, die Überschreitung der
eigentlich zulässigen Geschossflächenzahl um etwa das Doppelte (!) rückgängig zu
machen, zumal nennenswerte Proteste der Anwohner ausblieben.

Seit der Fertigstellung 1989 steht das zum Bauensemble gehörige unmittelbar
angrenzende Gebäude der einstmaligen Festungsbauschule im wahrsten Sinne des
Wortes im Schatten seines überdimensionierten Nachbarn. Nach 1945 diente es
verschiedenen Zwecken (Infektionsabteilung des *Krankenhauses Westend*, *Strahlen-
institut der Freien Universität Berlin*, *Akademie für Arbeitsmedizin*), bevor es ab 1993
für die Zollverwaltung unter Wahrung seiner bauzeitlichen Gestaltung sorgfältig
saniert und behutsam aus- und umgebaut wurde (Planung: *Bundesbauamt Berlin I*).
Im Januar 1996 zog schließlich das *Hauptzollamt Berlin-Kurfürst* in das Gebäude
ein. Doch nur eine Dekade später erforderte eine umfassende Neuorganisation der
Zolldienststellen die Aufgabe des Standortes an der Soorstraße 83. So steht das
repräsentative Bauwerk seither leer und wartet auf einen Interessenten, der seine
Lage und Architektur zu schätzen weiß.

Erweiterungsbau für das Arbeitsamt III Berlin, Zeichnung der West-
ansicht, Entwurf: GKK + Partner
Architekten, datiert 3. Oktober 1985

Links oben: Königin-Elisabeth-
Straße 49, Neubau für das Arbeitsamt III Berlin, Ansicht vom westlichen
Gebäudeflügel und dem eingeschos-
sigen Kasino, Entwurf: Bauamt Nord,
datiert 11. Januar 1968

Links unten: THW-Helfer vor ihren
Einsatzfahrzeugen, im Hintergrund
der Arbeitsamtneubau, Aufnahme
3. Dezember 1973

Ausschnitt aus der Karte von Berlin, Planverfasser: Bezirksvermessungsamt, Ausgabe 1988

64

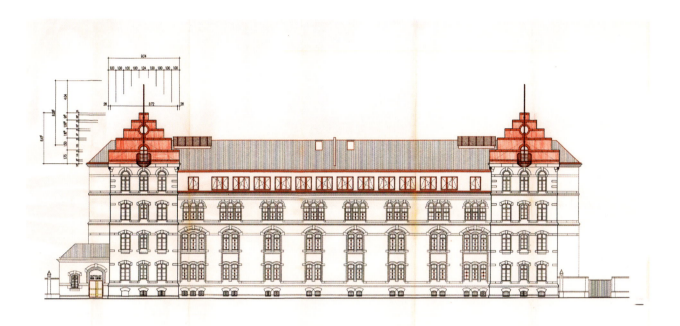

STRASSENANSICHT

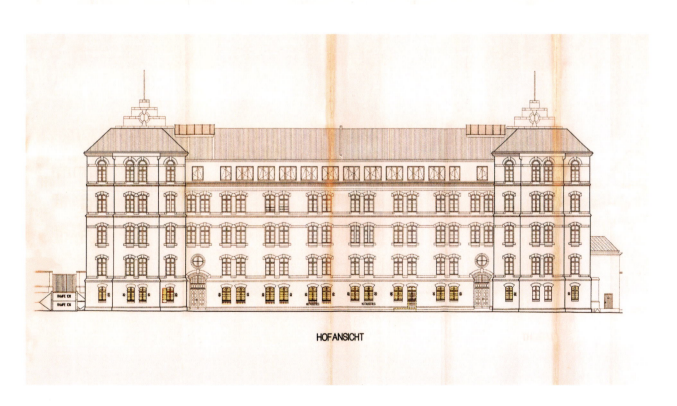

HOFANSICHT

Aus- und Umbau der einstmaligen Festungsbauschule an der Soorstraße 83 zum Hauptzollamt Berlin-Kurfürst,
Straßen- und Hofansicht, Entwurf: Bundesbauamt Berlin I, 1992

Die bunten Wimpel, die über dem Haupteingang des Grundstücks Soorstraße 85 wehen, weisen hingegen dezent darauf hin, dass sich seine Gebäudenutzung in jüngster Zeit grundlegend verändert hat. Getragen vom Verein für tibetischen Buddhismus e. V., befindet sich im einstigen Offizierskasino seit Oktober 2007 das *Rigpa Zentrum Berlin.* Mit der Umnutzung des Hauses in ein religiöses Zentrum endete nach 57 Jahren die Geschichte des dortigen *Jugendfreizeitheimes Soorstraße.* Dessen legendäre Zeit lag in den 1960/70er Jahren, als die Einrichtung, ausgelöst durch den beispiellosen Siegeszug der Beatles und anderer britischer Musikgruppen, der rasch wachsenden lokalen Musikszene regelmäßig Auftrittsmöglichkeiten bot und die Tanzveranstaltungen im großen Saal bald Kultcharakter erlangten. Die erhalten gebliebene, an Decke und Wänden holzvertäfelte ehemalige Offiziersmesse im Hauptgeschoss, wo fast alle namhaften Beatbands der Stadt gespielt haben und wo sich Kaiser Wilhelm II. lange zuvor seinen Schokoladenauflauf servieren ließ sowie Prinzessin Sophie von Preußen als »Regiments-Chefin« den Tee einnahm, wurde in einen großen Schreinraum verwandelt, dessen Herzstück eine fünf Meter hohe goldene Buddhastatue bildet. Bevor die monumentale Figur, eine Nachbildung der in der gesamten buddhistischen Welt als heilig verehrte Statue in Bodhgaya (Nordindien), aufgestellt werden konnte, musste die Unterkonstruktion in diesem Saalbereich verstärkt werden. Bemerkenswert erscheint, wie das umfangreiche Raumprogramm – allein im Dachgeschoss waren immerhin 28 Appartements für Kursteilnehmer unterzubringen – umgesetzt werden konnte (Architekt: Ingbert Schnapp), ohne den Charakter des historischen Gebäudes grundlegend zu verändern.

Als signifikantes Bindeglied im Ensemble an der Soorstraße fungiert schließlich das heutige THW-Gebäude. Es schafft mit seiner Gebäudefigur die räumliche Vermittlung zwischen dem ehemaligen Offizierskasino zur Linken und der einstigen Festungsbauschule zur Rechten.

Blick auf das zwischen 1950 und 2006 als »Jugendfreizeitheim Soorstraße« genutzte ehemalige Offizierskasino nach umfassendem Aus- und Umbau zum Buddhistischen Kulturzentrum Rigpa e. V., Aufnahme 2009

Links: Blick auf das Motel »Arizona« genannte Fernfahrerhotel, im Hintergrund am rechten Bildrand der Neubau der *Deutschen Rentenversicherung,* Aufnahme 2009

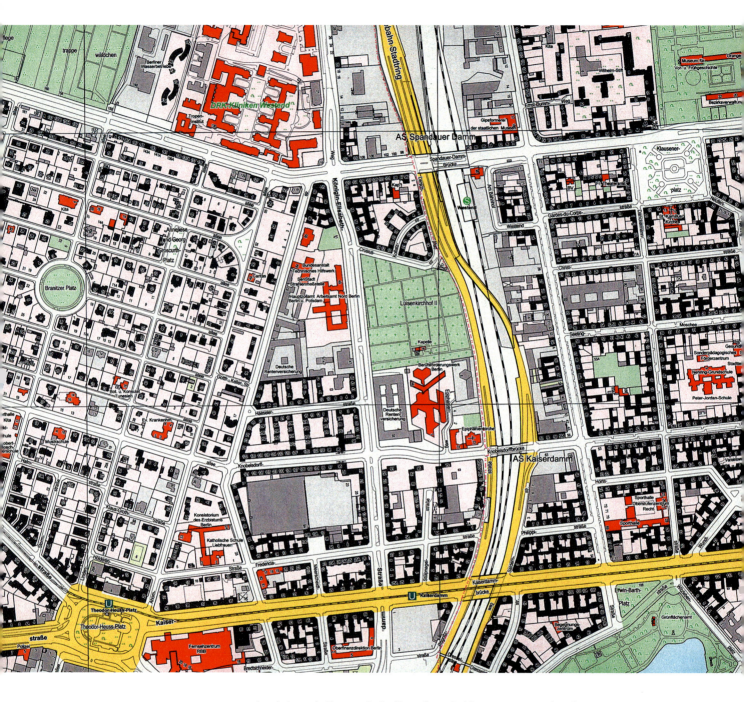

Ausschnitt aus der Karte von Berlin, Planverfasser: Bezirksvermessungsamt, Ausgabe 2008

Luftbild vom ehemaligen Kasernenareal und seiner Umgebung, April 2009

Vom Wirtschaftsgebäude der ehemaligen Westend-Kaserne zur Bundesanstalt Technisches Hilfswerk – Landesverband Berlin, Brandenburg, Sachsen-Anhalt

Die Anfänge des THW in der Soorstraße in Berlin-Charlottenburg

Der Landesverband Berlin des Technischen Hilfswerks (THW) erfuhr nach mehrmonatiger Vorbereitung am 1. April 1952 seine förmliche Konstituierung. Nur neun Monate später verfügte er bereits über 650 ehrenamtliche Helfer als Mitglieder. Die Helferzahl stieg bis Anfang 1954 dann rasch auf 1400 an. Und nach einem weiteren Dreivierteljahr verzeichnete man die stolze Zahl von 2300 Mitgliedern. Vordringliches Ziel des Landesverbandes war die Bildung arbeitsfähiger Einheiten zur Katastrophenbekämpfung auf der Ebene von Ortsverbänden. Zudem galt es in der Gründungsphase, durch intensive Kontakte und Gespräche mit Behörden, gesellschaftlichen Gruppen und Verbänden, ein besonders bei den Gewerkschaften verbreitetes Misstrauen gegenüber dem THW abzubauen und seine Akzeptanz zu stärken. Denn die Skeptiker sahen die neue Organisation zu nahe bei der Vorgängerorganisation, der *Technischen Nothilfe« (TN),* die in der NS-Zeit vor dem Hintergrund der Gleichschaltung paramilitärische Strukturen entwickelt hatte.

Um die mit den vielschichtigen Aufgaben verbundene Arbeit möglichst effektiv bewältigen zu können, bedurfte es entsprechender räumlicher Voraussetzungen. In dem noch immer von Provisorien und Ruinen geprägten Berlin der Nachkriegszeit gestaltete sich die Suche nach geeigneten Unterbringungsmöglichkeiten jedoch für die einzelnen neu gegründeten Ortsverbände sowie die Landesleitung als außerordentlich schwierig.

Zu den ersten Organisationseinheiten, die über eine eigene Geschäftsstelle verfügten, gehörten die damals noch selbständigen Ortsverbände von Charlottenburg und Wilmersdorf, denen offiziell ab 1. April 1954 auf dem Gelände der Westend-Kaserne im 1. Obergeschoss des 1910 erbauten ehemaligen Mannschafts- und Fahrzeuggebäudes bescheidene 200 Quadratmeter Nutzfläche für ihre Zwecke zur Verfügung standen. Das heute etwas versteckt gelegene, baulich entstellte und in der Unterhaltung vernachlässigte Gebäude, welches – wie bereits im Kapitel *Von der Nutzung der Kaserne in der ersten Hälfte des 20. Jahrhunderts* ausgeführt – seit nun mehr als 50 Jahren als Fernfahrerhotel dient, kann somit als »Geburtsstätte«

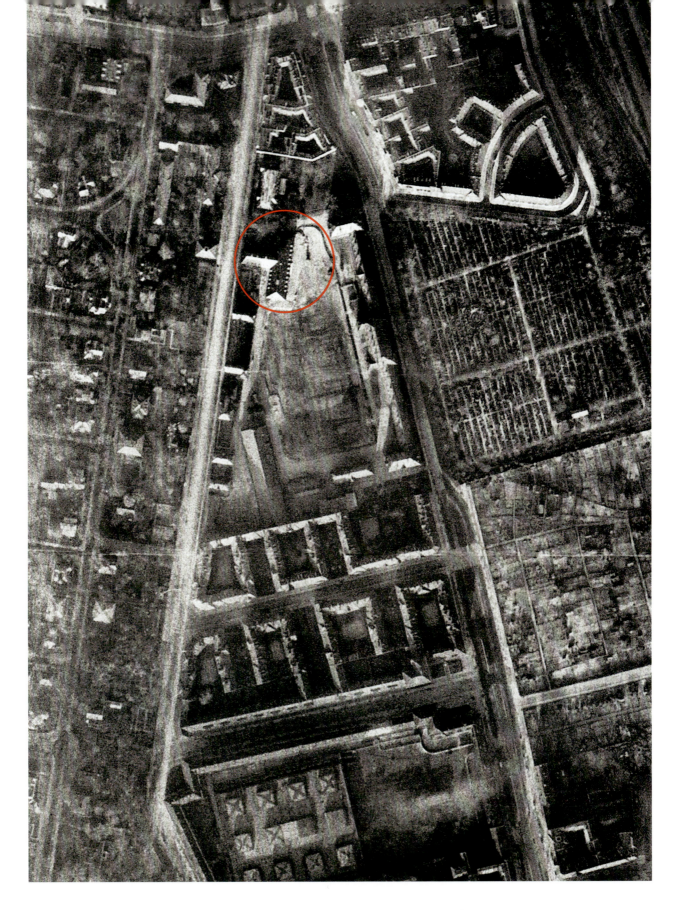

des heutigen THW-Ortsverbandes Charlottenburg-Wilmersdorf betrachtet werden und als die erste THW-Präsenz auf dem Gelände der ehemaligen Westend-Kaserne überhaupt.

Hatten also die beiden Ortsverbände auf dem ehemaligen Kasernengelände an der Soorstraße ihre Räumlichkeiten als erste THW-Einrichtungen bereits zu diesem frühen Zeitpunkt bezogen, war die Standortfrage für die Leitung des Landesverbandes hingegen noch nicht gelöst. So fungierte zunächst die in Steglitz gelegene Privatwohnung des ersten Berliner Landesbeauftragten, Erich Stürtz, als provisorische Geschäftsstelle, ehe im Mai 1952 erst zwei und dann weitere sechs Räume im damals noch teilzerstörten *Haus des Deutschen Städtetages* – dem späteren *Ernst-Reuter-Haus* in der Berliner Straße 4 (heute Straße des 17. Juni Nr. 110) –

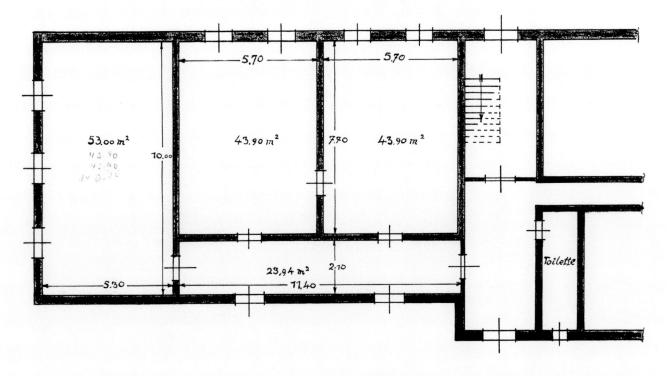

Diensträume der BV. Charlottenburg u. Wilmersdorf

Charlottenburg 9. Königin Elisabeth Str. 47.

5,70   5,70

53,00 m²
43.90
43.90
14 0,90

43.90 m²   7,70   43.90 m²

10,00

Toilette

23,94 m²   2,70
5,30   11,40

M. 1:100

bezogen werden konnten. Doch die dortige Unterbringung war von Beginn an nur als Übergangslösung gedacht. Deshalb musste man weiter nach geeigneten Räumen suchen und schien schon sehr bald fündig geworden zu sein. Denn die THW-Leitung wurde seitens der oben genannten Ortsverbände informiert, dass das ehemalige Wirtschaftsgebäude der Westend-Kaserne seit Ende Januar 1954 leergezogen war und zur Vermietung stand.

Noch im Mai 1954 meldete das THW deshalb seinen Raumbedarf beim zuständigen *Verwaltungsamt für ehem. Reichsgrundbesitz* an. Die bereits erwähnte, schon wenige Tage nach der Freigabe für den »Neubaublock in der ehemaligen Kaserne« aufgestellte, überschlägige »Mietwertermittlung« enthielt auch eine Baubeschreibung, die die Basis für die Berechnung der Miethöhe bildete und einen

Die Diensträume der Ortsverbände Charlottenburg und Wilmersdorf im 1. Obergeschoss des »Fernfahrerhotels« (Haus 4), Grundrisszeichnung undatiert (1954)

anschaulichen Einblick in die Ausstattung und den Zustand offenbarte, in dem sich das Wirtschaftsgebäude neun Jahre nach Kriegsende befand: »Es handelt sich um ein zweistöckiges Gebäude in T-Form aus roten Klinkern errichtet, mit Zentralheizung ausgestattet. Es besteht aus Keller-, Erd- und Obergeschoss. Im senkrechten Teil des ›T‹ im II. Stock zwei Dreizimmer-Mansardenwohnungen. Die Keller mit hoher Stapelhöhe, wenig Tageslicht, völlig trocken mit Zementfußboden, gekalkten Wänden. Große Zentralheizungsanlage, teils Dampf-, teils Warmwasserheizung. Ein Kühlraum ohne Maschine. Im Erdgeschoss große Küchenräume, gekachelt und gefliest mit drei großen dampfbeheizten Kochkesseln. Große Speiseräume mit breiten Fluren. Fußboden Kunststeinplatten. Ein Kühlraum gekachelt ohne sichtbare Maschinenanlage. Im Obergeschoss große helle Zimmer, östlicher Teil Zimmer und Flure Stabfußboden, der von Nagelschuhen abgenutzt ist. Im westlichen Teil Zementfußboden mit Hartpappe belegt. Eingebaute Badewannen, zahlreiche Toiletten und Waschgelegenheiten sind vorhanden« (THW-Archiv, Mietwertermittlung vom 26. Januar 1954).

Doch so engagiert das Bemühen um die Mietflächen im ehemaligen Wirtschaftsgebäude auch war, konnten die im Vorfeld geweckten hohen Erwartungen zunächst nicht erfüllt werden, denn zweieinhalb Monate nach der Antragstellung antwortete das Verwaltungsamt dem THW-Landesbeauftragten für Berlin: »Wir müssen Ihnen leider mitteilen, dass einige der von Ihnen für die Geschäftsstelle des Landesbeauftragten vorgesehenen Räume im (Wirtschafts-)gebäude […] dem Bundesminister der Justiz, der auch bereits das gesamte Obergeschoss übernommen hat, zugesprochen sind. Es handelt sich um folgende in Ihrer Zeichnung genannten Räume: Sekretariat, Landesbeauftragter, Anmeldung und Zentrale, Volkswirt, Verwaltung, Panzerraum und Kasse« (THW-Archiv, Schreiben vom 26. Juli 1954). Die hier erwähnte Zeichnung, die nähere Auskunft hätte geben können, welche Räume vergeben waren und welche nicht, hat sich leider nicht erhalten. Da das THW auf das abschlägige Schreiben jedoch nicht unmittelbar reagierte, bat das Verwaltungsamt im Herbst den Landesbeauftragten für Berlin um Mitteilung, »ob Sie auch weiterhin auf Räume im Erdgeschoss des Grundstücks Königin-Elisabeth-Str. 51 (jetzige Bezeichnung Soorstr. 84) reflektieren« (THW-Archiv, Schreiben vom 21. September 1954). Weil sich bis dahin keine weiteren Alternativen boten, wurde schließlich im Dezember 1955 zwischen dem Verwaltungsamt und dem THW ein Überlassungsvertrag über 702 Quadratmeter Nutzfläche abgeschlossen.

Mit der Anmietung der Räumlichkeiten war der entscheidende Schritt des THW nach Westend getan. Seit dem 1. Januar 1956 lautete die offizielle Adresse der Geschäftsstelle des THW-Landesbeauftragten für (West-)Berlin fortan Soorstraße 84 in Berlin-Charlottenburg.

Geschichte und Entwicklung des Standortes bis 1990

Als der Berliner Landesbeauftragte mit seiner Dienststelle knapp zwei Jahre nach der Freigabe des Gebäudes durch die Briten in den zweigeschossigen Klinkerbau an der Soorstraße einzog, war das beim Bundesjustizministerium angesiedelte *Bundesstrafregister* – im Übrigen eine der ersten Bundesbehörden mit Sitz in Berlin – dort der »Hauptmieter« oder besser gesagt der »Hauptnutzer«, denn zu der Zeit verzichtete der Fiskus bei öffentlichen Einrichtungen noch auf die Erhebung einer Miete oder Pacht, so dass nur die anteiligen Betriebskosten aufzubringen waren.

Von der dem THW per Überlassungsvertrag zugewiesenen 702 Quadratmeter Nutzfläche befanden sich gerade einmal 333 Quadratmeter verteilt auf achteinhalb Zimmer und einen Lehrsaal im Erdgeschoss, während die übrigen Flächen im Kellergeschoss (234 Quadratmeter) lagen oder Nebenräume (135 Quadratmeter) wie Diele, Flur und Windfang umfassten.

Die Büroräume im Erdgeschoss und die im Kellergeschoss gelegene Herrentoilette wurden dem THW renoviert übergeben, wobei die Zimmerfenster wieder Innenflügel erhalten hatten. Die Wände und Decken waren in einfachster Weise mit Leimfarbe gestrichen und auf den Fußböden Linoleum ausgelegt. Durch die stattliche Deckenhöhe von 3,15 Metern boten die durchweg trockenen Kellerräume immerhin ausreichend Platz für die Lagerung von technischen Gerätschaften und Werkzeugen.

Die wenigen Einsatzfahrzeuge, über die der Landesverband anfänglich verfügte, waren in der Soorstraße in einem zum Teil in Eigenleistung der Helfer erstellten offenen Holzschuppen nur unzureichend untergebracht. 1959 wurden dem THW

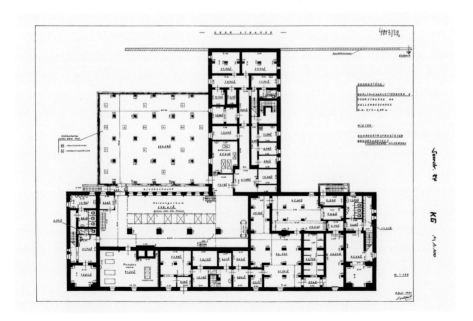

Bestandsplan Soorstraße 84, Grundriss Kellergeschoss, aufgestellt vom Bauamt Nord, datiert 8. Juli 1961

Bestandsplan Soorstraße 84,
Grundriss Erdgeschoss,
aufgestellt vom Bauamt Nord,
datiert Juni 1961

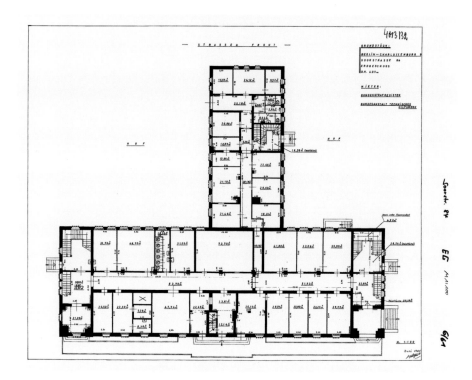

für Berlin dann neue Fahrzeuge übergeben. Zur zweckmäßigen Unterbringung und um auch in der kalten Jahreszeit Übungen und Einsätze besser vorbereiten zu können, befürwortete die Bundesleitung den Neubau fester Unterstellräume. Nach Genehmigung der Baumaßnahme durch das *Bundesamt für zivilen Bevölkerungsschutz,* das spätere *Bundesamt für Zivilschutz,* welches auch die Kosten übernahm, wurde bis März 1960 auf dem Wirtschaftshof eine erste feste Garagenzeile mit sieben Unterstellplätzen errichtet. Da der fertig gestellte Neubau, wie der *Senator für Bauen und Wohnen* bei der Abnahme beanstandete, mit der Rückfront in »hässlicher Art« die bauzeitliche Einfriedung des Kasernengeländes aus roten Klinkersteinen überragte, verständigte man sich schließlich auf den Kompromiss, den Überstand nachträglich mit farblich angepassten Ziegeln zu verblenden. Inwieweit die gestalterische Intervention gelungen ist, kann der Betrachter noch heute am Ort selbst entscheiden.

Der Neubau der Garagen, zu einer Zeit realisiert, als die beengte Unterbringung und räumliche Ausstattung noch viele Wünsche offen ließ, kann jedoch ohne Frage als ein frühes und eindeutiges Bekenntnis des THW zum Standort Soorstraße gewertet werden.

Bereits Anfang der 1960er Jahre zeichnete sich ab, dass sowohl das *Bundesstrafregister* als auch das THW zur Erfüllung ihrer Aufgaben dringend weitere Büroräume benötigten. Der darauf hin vom *Bauamt Nord der Sondervermögens- und Bauverwaltung* aufgestellte Plan durch eine Aufstockung des hofseitigen Gebäudeflügels Abhilfe zu schaffen, kam jedoch nicht zur Ausführung. Die näheren Gründe,

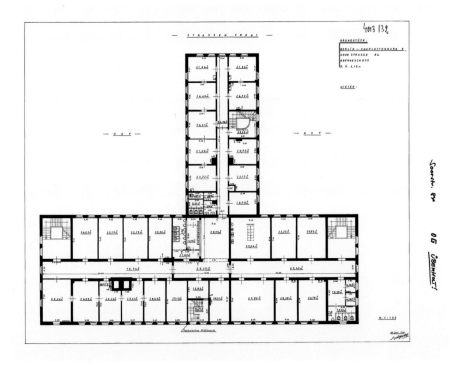

Bestandsplan Soorstraße 84,
Grundriss Obergeschoss,
aufgestellt vom Bauamt Nord,
datiert 27. Juni 1961

die zu dieser Entscheidung führten, sind nicht bekannt, vermutlich aber hatte ein ganzes Bündel ungelöster Fragen den Bauablauf und die Finanzierung betreffend zu der Ablehnung des im übrigen auch architektonisch fragwürdigen Bauvorhabens geführt.

Ein Jahr nach Fertigstellung der Garagen meldete das THW hingegen erstmals Mittel für die Instandhaltung seiner Räumlichkeiten mit der Begründung an, dass der »jetzige Zustand für eine Bundesdienststelle kaum mehr tragbar und eine Renovierung jetzt unbedingt erforderlich (sei), da es sich um alte Kasernenanlagen handelt, deren schlechter Zustand« allgemein bekannt wäre (THW-Archiv, Baubedarfsnachweis 1961).

Als Konsequenz aus dem verworfenen Vorhaben, das Gebäude an der Soorstraße durch eine Aufstockung zu erweitern, kam man schließlich 1962 überein, das »Strafregister« möglichst bald an einen anderen Standort innerhalb der Stadt zu verlagern. Ein geeignetes Bürohaus war dann auch schnell am Lützowufer 6 im Bezirk Tiergarten gefunden. Heute befindet sich die später in *Bundeszentralregister (BZR)* umbenannte und mit weiteren Aufgaben befasste Bundesbehörde in Bonn am Rhein.

Von den vom »Strafregister« freigezogenen Flächen wurden dem THW ca. 370 Quadratmeter überlassen, so dass der Landesbeauftragte nunmehr im Gebäude über eine anrechenbare Nutzfläche von insgesamt 1069 Quadratmeter verfügen konnte, die sich auf drei Ebenen verteilte: im Kellergeschoss 370 Quadratmeter, im Erdgeschoss 490 Quadratmeter und im 1. Obergeschoss 209 Quadratmeter.

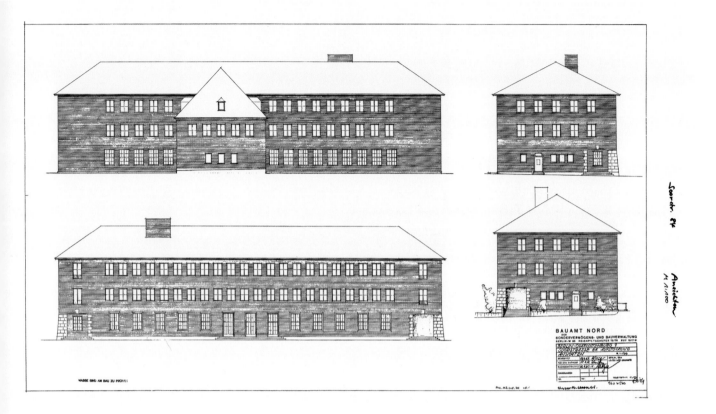

Ansichtszeichnungen zur geplanten
Aufstockung des hofseitigen
Gebäudeflügels, Entwurf: Bauamt
Nord, datiert 18. September 1961

Die Nebenräume wurden in der ab dem 1. Januar 1963 geltenden Überlassungs-
vereinbarung nicht gesondert ausgewiesen.

Die übrigen frei gewordenen Räumlichkeiten in der Soorstraße 84 reklamierte
der *Senator für Gesundheit und Umweltschutz* für sein Ressort, um hier das *Rettungsamt Berlin* einzurichten. An der Auswahl des neuen Nutzers war das THW
wohl nicht unmittelbar beteiligt. Dass die getroffene Entscheidung keine kluge Entscheidung war, zeigte sich schon bald nach dem Einzug im Sommer 1962. Denn
auch das Rettungsamt verfügte über eine Anzahl von Einsatzfahrzeugen, die auf
dem Grundstück Abstellflächen benötigten. So waren die Konflikte zwischen beiden Behörden um eine angemessene Verteilung der Freiflächen bereits program-
miert. Noch zwei Jahre nach dem Einzug des Rettungsamtes beklagte sich der
damalige THW-Landesbeauftragte Adolf Schmidt bei der *Sondervermögens- und
Bauverwaltung* über die Gesundheitsverwaltung, die bei einer nur einigermaßen
sorgfältigen und vorausschauenden Planung – so der Vorwurf – hätte erkennen
müssen, dass eine Unterbringung von Fahrzeugen in der Größenordnung, wie sie
jetzt das Rettungsamt beabsichtigen würde, gar nicht möglich sei, denn dazu wäre
das Grundstück viel zu klein. Abschließend wies er noch darauf hin, dass das THW
inzwischen ebenfalls über eine große Anzahl schwerer Fahrzeuge verfüge, deren
Zahl sich in absehbarer Zukunft noch vervielfachen würde.

Rettungsamt und Technisches Hilfswerk fanden dann doch noch zu einer einvernehmlichen Lösung, zumal sich die Situation dadurch entspannte, da ab Juli 1965 dem THW eine unbefestigte Freifläche in einer Größe von 2491 Quadratmetern, welche hinter der ehemaligen Festungsbauschule gelegen war und unmittelbar an den Hofbereich Soorstraße 84 angrenzte, zur alleinigen Nutzung zur Verfügung stand. Die Überlassung der Fläche wurde als Nachtrag zur erwähnten Vereinbarung vom Januar 1963 schriftlich fixiert und galt »auf unbestimmte Zeit«.

Schon zuvor hatte das THW, allerdings in mündlicher Absprache und jederzeit widerruflich, abgeräumte und ungenutzte Freiflächen auf dem ehemaligen Kasernengelände für Übungszwecke in Beschlag nehmen dürfen. Davon profitierten insbesondere die Ortsverbände Charlottenburg und Wilmersdorf, die seit ihrem Einzug praktisch »vor der Tür« ihrer Bekleidungs- und Gerätekammern die Schulung der freiwilligen Helfer durchführen konnte. Auch der Landesbeauftragte nahm im Rahmen der Ausbildung von Unterführern bzw. bei der Durchführung von Lehrgängen für die Gruppenführer im allgemeinen Katastrophenschutz das Übungsgelände in Anspruch.

Bis zu diesem Zeitpunkt war noch nicht an eine inzwischen längst notwendig gewordene, durchgreifende Gebäudesanierung zu denken. Immerhin erhielt 1964

Lageplan zu den vom THW genutzten Gebäudeteilen und Freiflächen (rot eingefasst), Zeichnung undatiert (um 1970)

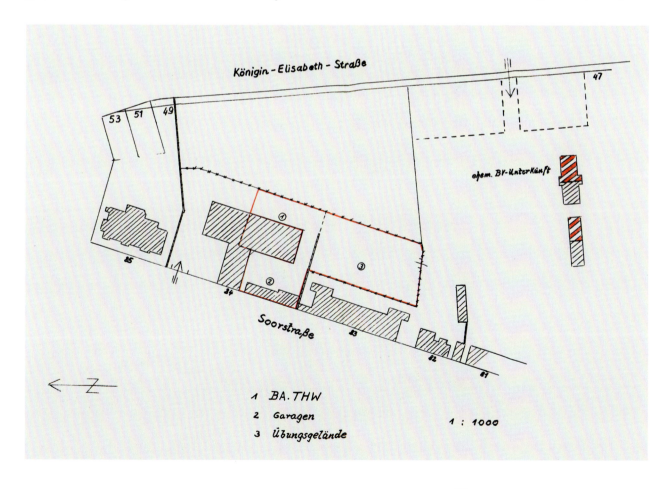

Einsatzfahrzeuge auf dem Hof des
THW, am linken Bildrand der 1960
fertig gestellte Garagenneubau,
Aufnahme 10. Juni 1970

Übergabe eines neuen Funkleit-
wagens an das THW, Aufnahme
Joachim Wolf, Juni 1972

Wiederaufstellung des verlängerten
Antennenmastes, Aufnahme
Joachim Wolf, 11. Oktober 1973

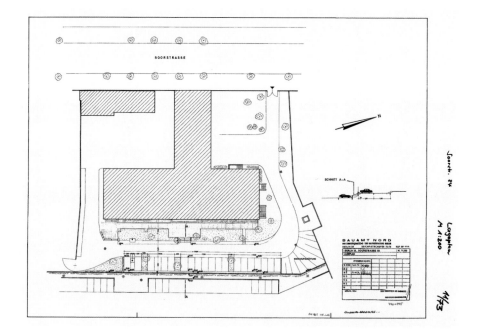

der Landesverband Mittel zur Verfügung gestellt, um wenigstens die überalterten Toiletten- und Waschanlagen im Haus, die noch zum Teil »aus Zeiten der Wehrmacht bzw. der britischen Besatzungsmacht« (THW-Archiv, Baubedarfsnachweis 1964) stammten, durch neue Sanitärobjekte zu ersetzen.

Am Ende des Jahrzehnts, fast genau 15 Jahre nachdem die Ortsverbände Charlottenburg und Wilmersdorf auf dem ehemaligen Kasernengelände ihre Geschäftsstellen bezogen hatten, bot sich nun die Gelegenheit, die vom THW belegten Gebäudebereiche neu zu ordnen, denn der Landesbeauftragte konnte eine leerstehende und vom Rettungsamt nicht mehr benötigte Raumfolge im Obergeschoss zum 1. März 1969 übernehmen. Dieser weitere, vergleichsweise kleine Flächenzuwachs von 185 Quadratmetern erlaubte es schließlich, den Standort im Gebäude des Motels *Autohof Westend* aufzugeben und die beiden THW-Ortsverbände in den benachbarten Gebäudekomplex Soorstraße 84 zu holen.

Die wenigen nennenswerten Baumaßnahmen in den folgenden zwei Jahrzehnten betrafen die teilweise noch unstrukturierten Außenbereiche und hatten vor allem die Schaffung von Stellplätzen bzw. den Bau weiterer Garagen zum Ziel. Das Gebäude selbst wurde 1974 an das Fernwärmenetz angeschlossen und so konnte im Kellergeschoss die Heizungsanlage demontiert und auf dem Dach der voluminöse Schornsteinkopf abgetragen werden. Zwei Jahre zuvor, im Juni 1972, war dem THW eine neue mit Sprechfunk ausgestattete Generation von Einsatzfahrzeugen übergeben worden. Zur Gewährleistung einer störungsfreien Kommunikation mit der Einsatzzentrale wurde deshalb auf dem Hof im Übergang zum Freigelände ein ca. 30 Meter hoher Antennenmast aufgestellt und zugleich entlang der östlichen Grundstücksgrenze 20 zusätzliche Parkplätze angelegt.

Blick auf das TWH-Gebäude
mit dem Notdach aus der Kriegszeit
und dem Schornstein der still-
gelegten Heizungsanlage vor dem
Abbruch, Aufnahme Joachim Wolf,
7. November 1975

1973/74 etablierte die Berliner Umweltschutzbehörde – heute angesiedelt bei der *Senatsverwaltung für Stadtentwicklung* – anstelle des Rettungsamtes ihre neu ge-schaffene *Strahlenmessstelle* in der Soorstraße 84. Die Einrichtung war am Geneh-migungsverfahren im Bereich der Atomaufsicht beteiligt und überwachte zugleich die Belange des Strahlenschutzes. Der Wechsel der Institutionen hatte jedoch keine Auswirkungen auf die bestehende Raumverteilung im Gebäude und damit auch nicht auf die Arbeitsbereiche des THW.

Ein gänzlich anderer Vorgang, der das THW direkt betraf, führte in den Folge-jahren hingegen zu einem konkreten baulichen Eingriff in die vorhandene Bau-substanz: Seit der Gründung legte das THW alljährlich Kränze an dem Nothelfer-Ehrenmal auf dem Friedhof III der Luisen-Gemeinde am Fürstenbrunner Weg in Charlottenburg nieder. Mit diesem Gedenkakt wollte das THW eine Verbindungs-linie zu der 1919 gegründeten Vorgängerorganisation *Technische Nothilfe (TN)* zie-hen, bevor diese nach der sogenannten Machtergreifung der nationalsozialistischen Gleichschaltung unterworfen wurde. Das Ehrenmal, im Jahre 1922 im Andenken an drei im Einsatz verunglückte Nothelfer errichtet, war nach dem Krieg, in der Zeit als sich das THW noch im Aufbau befand, mit Hilfe von Spenden ehemaliger TN-Mitglieder wieder instandgesetzt worden. Anlässlich der Kranzniederlegung zum Volkstrauertag 1976 waren jedoch die Schäden, die Regen und Frost in den

Blick auf die Vorhalle des Eingangs-
bereiches vor der Aufstellung des
Ehrenmals, Aufnahme Joachim Wolf,
März 1984

Das 1922 errichtete Ehrenmal
(Bildhauer: Georg Hengstenberg)
für die im Dienst verunglückten
Nothelfer an seinem ursprünglichen
Standort auf dem Luisen-Friedhof III
am Fürstenbrunner Weg, Aufnahme
Fritz Ruske, November 1965

vergangenen 25 Jahren verursacht hatten, nicht mehr zu übersehen. Doch kon-
krete Maßnahmen unterblieben, weil die Finanzierung nicht gesichert und die
Eigentumsverhältnisse ungeklärt waren. Erst weitere fünf Jahre später, nachdem
die Friedhofsverwaltung schriftlich darauf hingewiesen hatte, dass die Anlage ein-
zufallen drohe, suchte man unter Beteiligung der *Steinmetz- und Bildhauerinnung
Berlin* nach einer angemessenen und zugleich kostengünstigen Lösung. Mit der
Idee das Monument in die Soorstraße 84 zu translozieren, schien diese sehr bald
gefunden zu sein. Und nachdem der Vorschlag, die Grabstätte auf dem Luisen-
Friedhof III aufzulassen und die aufgearbeiteten wertvollen figürlichen und orna-

Einweihung des neu gestalteten
Denkmals mit Fahnenabordnungen
des THW aus Hamburg und Berlin,
Aufnahme Joachim Wolf, 16. November 1985

Erläuterungstafel des im Vor-
hallenbereich des Haupteingangs
installierten Ehrenmals,
Aufnahme 16. November 1985

DIESE GEDENKSTÄTTE
ENTSTAND IM JAHRE 1985
UNTER VERWENDUNG
VON TEILEN EINES DENK
MALS DER AUFGELASSEN
EN GRABSTÄTTE FÜR IM
DIENST VERUNGLÜCKTE
HELFER DER TECHNISCH
EN NOTHILFE AUF DEM
III· LUISEN-KIRCHHOF
AUS DEM JAHRE 1922

mentalen Denkmalsteile sowie die neugefertigten Organisationszeichen aus Mu-
schelkalk im Eingangsbereich zur THW-Landesgeschäftsstelle wieder anzubrin-
gen, allgemeine Zustimmung gefunden hatte, wurde das neugestaltete Ehrenmal
schließlich am 16. November 1985 dort feierlich eingeweiht.

Ein Jahr später begannen auf dem rückwärtigen Übungsgelände des Standortes an der Soorstraße die Arbeiten an einem zweiten Garagenkomplex. Es war
das bis dahin größte und zugleich letzte Bauvorhaben des THW vor der politischen

Fundamentarbeiten für den Neubau einer Garage auf dem ehemaligen Übungsgelände, Aufnahme Joachim Wolf, November 1986

Der 1986/87 erbaute zweite Garagenkomplex für Einsatzfahrzeuge von Nordosten gesehen, Aufnahme März 2010

Wende. Um die Baukosten zu vermindern, beteiligten sich Helfer der Ortsverbände Charlottenburg und Wilmersdorf mit freiwilligen Arbeitseinsätzen an der Herstellung der Fundamente. Nach der Fertigstellung und einer einjährigen Nutzung stellte sich heraus, dass die vor den Garagen befindliche Hoffläche, bestehend aus einer verdichteten Schlackenschicht, für den Verkehr schwerer Fahrzeuge ungeeignet war und durch eine Pflasterung aus Verbundsteinen ersetzt werden musste.

Der Ausbau der Gebäudeanlage seit der Wiedervereinigung

Als sich am 9. November 1989 in Berlin auf Druck tausender von DDR-Bürgern die Schlagbäume an den innerstädtischen Grenzübergangsstellen öffneten und so den Fall der Mauer bewirkten, berieten die Bundestagsabgeordneten gerade in einer Abendsitzung im Plenarsaalprovisorium, dem Bonner Wasserwerk, neben anderen Vorlagen, in dritter und letzter Lesung das *Gesetz zur Regelung der Rechtsverhältnisse der Helfer der Bundesanstalt Technisches Hilfswerk (THW-Helfergesetz).* Dass dieses in historischer Stunde verabschiedete Gesetz schon bald in ganz Deutschland Geltung finden sollte, konnte sich zu diesem Zeitpunkt niemand, nicht einmal die kühnsten Optimisten unter den THW-Mitgliedern, vorstellen.

Doch davor lag noch ein weiter hürdenreicher Weg. Insbesondere für den aus seiner West-Berliner »Insellage« befreiten THW-Landesverband Berlin hatten sich praktisch über Nacht neue ungeahnte Perspektiven eröffnet, zugleich aber auch eine Vielzahl neuer Aufgaben ergeben, die es auf Grund der veränderten Situation nun zu meistern galt. Mit Blick auf die sich anbahnende Vereinigung beider deutscher Staaten ersuchte der damalige Berliner Landesbeauftragte Manfred Metzger vorausschauend schon Mitte 1990 bei der Bundesleitung um »Anerkennung zusätzlichen Raumbedarfs« nach und begründete dies mit der vorsichtig formulierten Hoffnung, »dass sich auch im östlichen Teil unseres Landes ein THW mit Instandsetzungs- und Bergungsdiensten entwickeln könnte, wobei dann der LV Berlin für sämtliche Bezirke dieser Stadt zuständig wäre« (THW-Archiv, Schreiben vom 25. Juli 1990). Deshalb sollten, so die Bitte des Landesbeauftragten, in der bundeseigenen Liegenschaft Soorstraße 84 freiwerdende Räume keinesfalls mehr anderweitig vermietet werden. Schließlich wies er in seinem Schreiben noch mal auf den seiner Meinung nach unmöglichen Zustand hin, dass die Berliner Dienststelle über kein adäquates Besprechungszimmer verfüge. Das Fehlen eines großen Raumes mit entsprechender Ausstattung hatte sich schon in der ersten Jahreshälfte bei den anfänglich noch »geheimen« inoffiziellen Kontakten und Vorbesprechungen mit Vertretern der *Zivilverteidigung der DDR* als hinderlich bemerkbar gemacht. Doch erst nach der am 3. Oktober 1990 vollzogenen Vereinigung Deutschlands und der damit verbundenen Wiedervereinigung Berlins entspannte sich die Raumfrage für das THW etwas, denn die der Senatsverwaltung für Gesundheit nachgeordnete *Akademie für Arbeits- und Umweltmedizin* mit Hauptsitz im Nachbargebäude Soorstraße 83 verzichtete auf einige im 1. Obergeschoss neben der Berliner Geschäftsstelle gelegenen Räumlichkeiten, so dass ab März 1991 unter anderem auch ein langersehnter großer Besprechungsraum, allerdings noch ohne die entsprechende technische Ausstattung, zur Verfügung stand.

Nach der Wiedervereinigung waren sechs Landesverbände aus den »alten« Bundesländern bestimmt worden, nach dem Patenschaftsprinzip den Aufbau von THW-Ortsverbänden in den neuen Ländern zu unterstützen und voranzubringen.

Der begrünte und mit Ahornbäumen bepflanzte Innenhof im Bereich des Hauptzuganges, Aufnahme 2010

Berlin war für den Ostteil der Stadt sowie für den früheren Bezirk Frankfurt (Oder) zuständig, Nordrhein-Westfalen für das übrige Brandenburg und Niedersachsen für Sachsen-Anhalt. Die weiteren Patenschaften übernahmen die Länder Schleswig-Holstein für Mecklenburg-Vorpommern, Hessen für Thüringen sowie Bayern für Sachsen. Die Gründung von Landesverbänden in den neuen Bundesländern wurde dagegen so lange zurückgestellt, bis ein Organisationskonzept vorlag, das in Abkehr von dem bis dahin geltenden streng föderalen Aufbau des THW auf Landesebene eine kombinierte Lösung vorsah. Nur die flächen- und bevölkerungsreichen Bundesländer Baden-Württemberg, Bayern und Nordrhein-Westfalen blieben von der neuen Organisationsstruktur ausgenommen. Die übrigen THW-Landesverbände sollten jeweils zwei bzw. drei Bundesländer umfassen, wobei Berlin mit Brandenburg und Sachsen-Anhalt einen gemeinsamen Landesverband bilden sollte.

In Umsetzung dieses Konzeptes übernahm zum 1. Mai 1992 der Landesbeauftragte für Berlin auch die Verantwortung für die Ortsverbände im gesamten Land Brandenburg. Die Bildung des vereinigten Landesverbandes von Berlin und Brandenburg markierte zu diesem frühen Zeitpunkt jedoch nur einen, wenn auch wichtigen Zwischenschritt auf dem Weg zum geplanten THW-Landesverband unter Einschluss von Sachsen-Anhalt.

Drei Jahre später, am 23. September 1995, war es dann schließlich so weit. Während einer Feierstunde vollzog der damalige Direktor des THW, Gerd Jürgen

Henkel, in der Brand- und Katastrophenschutzschule in Heyrothsberge die formale Übergabe der Ortsverbände des Landes Sachsen-Anhalt an den Landesbeauftragten Manfred Metzger. Zwei Tage später folgte dann im Plenarsaal des Berliner Abgeordnetenhauses der feierliche Zusammenschluss aller THW-Ortsverbände der drei Bundesländer zum neuen Länderverband Berlin, Brandenburg, Sachsen-Anhalt.

Die Hoffnung, dass sich die unbefriedigende räumliche Situation in der Berliner Dienststelle schon bald nach Erweiterung der Zuständigkeit auf die drei genannten Bundesländer verbessern würde, erfüllte sich jedoch noch nicht. Erst als die *Strahlenmessstelle Berlin* im Zuge der Umstrukturierung der *Landesanstalt für Lebensmittel, Arzneimittel und gerichtliche Chemie Berlin* (heute *Institut für Lebens-, Arzneimittel und Tierseuchen Berlin*) im Jahr 2003 seine Räume nach nunmehr 30 Jahren aufgab und das THW jetzt der alleinige Nutzer der Soorstraße 84 wurde, konnte endlich ein umfassender, dem Bedeutungszuwachs als »Hauptstadtrepräsentanz« entsprechender Um- und Ausbau der Gebäudeanlage in Angriff genommen werden.

Um die Entscheidungen hierfür in der THW-Leitung, dem *Bundesministerium des Innern (BMI),* dem *Bundesministerium für Finanzen (BMF)* und dem Bundesbauamt in die richtigen Bahnen zu lenken, war ein trag- und zustimmungsfähiges Nutzungs- und Raumkonzept erforderlich. Dieses wurde unter der Leitung des Landesbeauftragten zügig erarbeitet und in der ersten Phase vor allem von der

Panoramaaufnahme von dem lang gestreckten Hofflügel, rechts im Bild die Einfahrt von der Soorstraße, Aufnahme 2010

Blick gegen die Gebäudeecke des
Hofflügels mit dem Haupteingang,
Aufnahme 2010

Zugemauerter Eingangsbereich
an der Südostecke des Hofflügels,
Aufnahme 2010

Blick in den gepflasterten und
teilweise unterkellerten Wirtschaftshof, Aufnahme 2010

Blick auf die Giebelfront des Gebäudes an der Soorstraße, Aufnahme 2010

Der Haupteingang des THW-Gebäudes mit dem 1985 aufgestellten »Nothelfer-Denkmal«, Aufnahme 2010

Idee getragen, die Geschäftsstelle des THW für Berlin in die Soorstraße zu verlagern, um entsprechende Synergien zur Verbesserung der Aufgabenerfüllung und Beschleunigung der Entscheidungsprozesse freizusetzen.

Im Kontext des enormen Anstiegs der Zahl von Gästen und Besuchern aus Deutschland und dem Ausland, die sich seit dem Fall der Mauer beim THW in Berlin für die Arbeit der Katastrophenschutzorganisation des Bundes interessierten und interessieren, war auch die Einrichtung eines Informationszentrums sowie Besucherdienstes zu rechtfertigen. Weil ein Umzug der THW-Leitung in die Hauptstadt wegen des Bonn-Berlin-Gesetzes auf absehbare Zeit jedoch unrealistisch erschien, wurde angeregt, diese wichtige Stabsaufgabe der Dienststelle des Landesbeauftragten in Berlin zu übertragen.

Eingangsfoyer mit der Treppe zum
Kellergeschoss, Aufnahme 2010

Blick vom Eingang auf die
Haupttreppe zum Obergeschoss,
Aufnahme 2010

Da sich Berlin zunehmend zur Drehscheibe für Politik und weltweite Beziehungen entwickelte, auf der die unterschiedlichsten innovativen Projekte Gestalt annehmen, sollte auch die Geschäftsstelle der *THW-Bundesvereinigung e. V.* in der Soorstraße 84 ihren Sitz und entsprechende Räumlichkeiten erhalten. Das 2005 vorgelegte, behindertengerechte Nutzungs- und Raumkonzept berücksichtigte auch die aktuellen Vorgaben zur Einrichtung eines Leitungs- und Koordinierungsbereiches und wurde von allen vorstehend genannten Entscheidungsträgern zeitnah mitgezeichnet.

93

Um die haushaltsrechtlichen Voraussetzungen für die Finanzierung des Bauvorhabens zu schaffen, übertrug die *Oberfinanzdirektion Berlin* mit Genehmigung des *Bundesministeriums der Finanzen* die Liegenschaft Soorstraße 84 als »unentgeltliche dauernde Abgabe« 2004 in das Ressortvermögen des *Bundesministeriums des Innern.* Danach konnte man mit den bauvorbereitenden Maßnahmen beginnen.

Die eigentlichen Bauarbeiten begannen in den Gebäudebereichen der ehemaligen *Strahlenmessstelle* mit der umfassenden Demontage von Laboreinrichtungen und dem Rückbau dafür vorgenommener Einbauten. Bei dem sich anschließenden durchgreifenden »großen Ausbau« der in Frage stehenden Räumlichkeiten für das THW suchte das mit den Planungen beauftragte Architekturbüro von Holger Pluder die noch vorhandene bauzeitliche Ausstattung zu bewahren bzw. behutsam wieder herzustellen. Dies betraf insbesondere die für den architektonischen Gestaltungscharakter des Gebäudes prägenden Eingangstüren, die Treppenhäuser mit den Geländerläufen und die Flügeltüren in den Flur- und Erschließungsbereichen der einzelnen Etagen.

Im Zuge der in den Jahren 2005/06 durchgeführten umfassenden Instandsetzungsarbeiten wurde auch die technische Ausstattung des Gebäudes auf den neuesten Stand gebracht und in den Büroräumen Kabelkanäle und Netzwerkverbindungen verlegt. Zuerst wurden die Büroräume und Sanitäreinrichtungen für die Geschäftsstelle Berlin hergerichtet, deren Umzug von der maroden THW-Liegenschaft in Berlin-Lichtenberg (Lückstraße) schon im Dezember 2006 abgeschlossen war.

Zeitgleich erfolgte der Umbau des ehemaligen Besprechungszimmers der *Strahlenmessstelle* zu einem Einsatzbereich, der seit Frühjahr 2006 dem Leitungs- und Koordinierungsstab des Landesverbandes dient. Er entspricht dem neuesten Stand der Technik und ist mit vielfältigen Lagedarstellungsmöglichkeiten ausgestattet.

Danach entstand das Kernstück des Informationszentrums, ein in seiner Gestaltung wohl ausgewogener klimatisierter Konferenz- und Tagungsraum für ca. 80 Personen, in dem alle erforderlichen modernen Kommunikationsmittel und Medien zur Verfügung stehen. Für die Sicherstellung des Caterings zu den verschiedensten Anlässen und Empfängen wurde ein angemessener Küchenbereich eingerichtet.

Die Geschäftsstelle der THW-Bundesvereinigung bezog ihre neuen Räume im Erdgeschoss im Frühjahr 2006. Hier verfügt auch die THW-Länderjugend Berlin, Brandenburg, Sachsen-Anhalt inzwischen über einen ansprechenden Dienstraum.

Zur Erfüllung der Dienstgeschäfte der Behördenleitung der Bundesanstalt THW in Berlin wurde dem Präsidenten schließlich im 1. Obergeschoss ein Büro und Geschäftszimmer eingerichtet.

Um einen barrierefreien Zugang zu dem ebenfalls im ersten Obergeschoss gelegenen Konferenz- und Tagungsraum zu ermöglichen, der auch eine wichtige Rolle als zentrale »Kommunikationsplattform« bei der Betreuung von Besucher-

Mittelgang im Obergeschoss mit den Räumen des Landesverbandes Berlin, Brandenburg, Sachsen-Anhalt, Aufnahme 2010

Blick in den kleinen Besprechungsraum im Obergeschoss, Aufnahme 2010

gruppen spielt, wurde 2007 im südlichen Treppenhaus ein behindertengerechter Aufzug mit drei Haltepunkten (Keller-, Erd- und erstes Obergeschoss) installiert.

Fünf Jahre nach den umfangreichen Umbaumaßnahmen gibt es nun neue Pläne, die zu weiteren Nutzungsveränderungen und baulichen Maßnahmen führen werden. Die *Stiftung Technisches Hilfswerk (THW) – Technisch Helfen Weltweit* benötigt einen Büroraum, der auch von der THW-Ländervereinigung Berlin, Brandenburg, Sachsen-Anhalt, die ihre Interessen bislang verständnisvoll zurückstellte,

mitgenutzt werden soll. Hinzu kommt ein zusätzlicher Raumbedarf für eine *Tak-tisch-technische Betriebsstelle* im Zuge der Einführung des Digitalfunks und ein Raum mit hoher Sicherheitsstufe bezüglich der aktuellen Forderungen zur Sicher-stellung der »Netze des Bundes«.

In enger Zusammenarbeit mit der *Bundesanstalt für Immobilienaufgaben* prüft das THW derzeit den Aufwand und Nutzen eines Dachgeschossumbaues einerseits und die Verlagerung der Geschäftsstelle Berlin andererseits.

Dem heutigen Besucher der Berliner THW-Zentrale in der Soorstraße 84 in Berlin-Charlottenburg eröffnet sich vor diesem Hintergrund ein in großzügige Frei- und Grünflächen eingebetteter Gebäudekomplex, der in seiner äußeren Gestalt nahezu unverändert in der handwerklich soliden Form seiner Entstehung vor über siebzig Jahren auf die heutige Zeit überkommen ist.

Steht man heute vor dem Eingang zur THW-Liegenschaft, braucht es nur wenig Phantasie, um sich den hier am Tor einstmals in seinem Schilderhäuschen Wache stehenden Grenadier des Elisabeth-Regiments oder – in späterer Zeit – den britischen Soldaten auf dem Weg in die Offiziers-Messe vorzustellen, denn vor allem die Gebäudenutzungen, nicht aber der räumliche Kontext und das architektonische Bild haben sich seither in diesem Abschnitt der Soorstraße grundlegend verändert. Gleichwohl erhielt der historische Standort in der Balance von bauzeitlicher Gestalt und gewandelten Zweckbestimmungen eine neue Qualität, die in die Zukunft weist, ohne seine bewegte Geschichte zu verleugnen.

Dem Gebäudekomplex des THW kommt als dessen zentrale Repräsentanz in der deutschen Hauptstadt in diesem Zusammenhang eine herausragende Rolle zu. Es sollte nicht zuletzt wegen seiner vielschichtigen historischen Bedeutung und seiner inzwischen geklärten Baugeschichte unter Denkmalschutz gestellt und in diesem Rahmen sein im Zweiten Weltkrieg zerstörtes ursprüngliches Dach wiederhergestellt werden. Es wäre dies eine Maßnahme, die für die sorgfältige architektonische Wiederherstellung sowie technische Ertüchtigung des Gebäudes gleichsam den angemessenen »Schlussstein« darstellen würde.

Im Informationszentrum gewinnt eine Besuchergruppe aus Bad Bentheim Einblicke in die Strukturen und Aufgaben des THW, Aufnahme 2011

Koordinierung eines Einsatzes
im Stabsraum des THW-Landes-
verbandes, Aufnahme 2011

Die ortsfeste Führungsstelle
des Ortsverbandes Berlin
Charlottenburg-Wilmersdorf
während eines Feuerwehrbereit-
schaftsdienstes, Aufnahme 2011

Einsatzkräfte des Ortsverbandes
Berlin Charlottenburg-Wilmersdorf
inspizieren ihre technische Fahrzeug-
ausstattung im Hofbereich des
THW-Geländes, Aufnahme 2011

Anhang

Daten zum THW-Gebäudekomplex in der Soorstraße 84 in Berlin-Charlottenburg

1939 Im Februar / März des Jahres beginnen die Bauarbeiten für das neue Wirtschaftsgebäude der Westend-Kaserne, die seit dem 1. April vom *Wachbataillon der Luftwaffe Berlin* genutzt wird. Für die Freimachung des Bauplatzes auf dem heutigen Grundstück Soorstraße 84 müssen die aus der ersten Bauphase der Kaserne von 1893 bis 1896 stammende sogenannte Nordlatrine sowie das ehemalige Patronenlager abgetragen werden.

1940 Zu Beginn des Kriegsjahres können die Bauarbeiten abgeschlossen und der Gebäudekomplex seiner Bestimmung übergeben werden. Die senkrecht zur Straße gelegene T-förmige Gebäudeanlage umfasst bei Fertigstellung insgesamt 12 700 Kubikmeter umbauten Raumes.

1944 Wahrscheinlich schon im Frühjahr wird bei Luftangriffen das schwere Walmdach des parallel zur Straße gelegenen Gebäudeflügels zerstört und noch im gleichen Jahr durch ein flach geneigtes Notdach ersetzt.

1945 Am 1. August des Jahres wird das Kasernengelände mit dem nur gering beschädigten Wirtschaftsgebäude von der britischen Besatzungsmacht für ihre Zwecke requiriert und erhält die Bezeichnung *Elisabeth Barracks*.

1954 Am 21. Januar erfolgt die offizielle Übergabe des Wirtschaftsgebäudes von den Briten an die Berliner Zivilverwaltung.

1956 Am 1. Januar bezieht der THW-Landesbeauftragte für (West-)Berlin Teilflächen im Erdgeschoss des Gebäudes und richtet hier seine Geschäftsstelle ein.

1960	Im März des Jahres wird der noch heute existente Garagenbau im Bereich des Wirtschaftshofes fertiggestellt.
1963	Zum 1. Januar werden durch den THW-Landesbeauftragten weitere Flächen des Gebäudes übernommen, die durch den Auszug des *Strafregisters* (später *Bundeszentralregister / BZR*) freigeworden sind.
1965	Im Juni kann eine an den Garagenhof anschließende Grundstücksfläche von knapp 2 500 Quadratmeter für das THW hinzugewonnen werden.
1969	Am 1. März beziehen die Ortsverbände Charlottenburg und Wilmersdorf das Erdgeschoss des Gebäudekomplexes, da durch die Freimachung einiger Räumlichkeiten des Rettungsamtes Berlin nunmehr die gesamte Dienststelle des Landesbeauftragten im Obergeschoss des Gebäudes untergebracht werden kann.
1974	Der Gebäudekomplex erfährt eine entscheidende infrastrukturelle Verbesserung, indem er an das Fernwärmenetz angeschlossen wird.
1985	Am 16. November erfolgt die Einweihung des in der offenen Vorhalle des Haupteingangs neu aufgestellten *Ehrenmals der Nothelfer*, das aus konservatorischen Gründen vom unweit entfernten Friedhof III der Luisen-Gemeinde hierher verbracht worden ist.
1986/87	Für den inzwischen enorm erweiterten Fahrzeugpark wird im rückwärtigen Geländebereich des Grundstückes eine zweite Garagenanlage errichtet.
2003	Es können die restlichen, bis dahin noch durch die sogenannte *Strahlenmessstelle* Berlin genutzten Flächen übernommen werden. Somit ist das THW fortan alleiniger Nutzer des gesamten Grundstückes sowie des Gebäudes einschließlich der Garagenbereiche.
2005/06	In diesen Jahren erfolgten der durchgreifende Um- und Ausbau sowie die Modernisierung des Gebäudekomplexes für die verschiedenen Nutzungen des THW unter Bewahrung und Herausarbeitung seiner bauzeitlichen Charakteristika.

Quellen

Amtsgericht Schöneberg, Berlin, Abteilungen für Grundbuchsachen

Bezirksamt Charlottenburg-Wilmersdorf, Berlin, Bauaktenarchiv

Bundesamt für Bauwesen und Raumordnung Berlin, Planarchiv

Bundesanstalt für Immobilienaufgaben, Berlin

Bundesanstalt Technisches Hilfswerk, Bonn/Berlin

Bundesarchiv-Militärarchiv, Freiburg

Geheimes Staatsarchiv Preußischer Kulturbesitz, Berlin

Heimatmuseum Charlottenburg-Wilmersdorf, Berlin

Landesdenkmalamt Berlin

Luisenstädtischer Bildungsverein e. V., Berlin

Militärgeschichtliches Forschungsamt, Potsdam

Rigpa-Verein für tibetischen Buddhismus e. V., Berlin

Senatsverwaltung für Stadtentwicklung Berlin, Abt. III D

Zentral- und Landesbibliothek Berlin, Zentrum für Berlin-Studien

Literatur

Absolon, Rudolf: Die Wehrmacht im Dritten Reich, Band III, 3. August 1934 bis 4. Februar 1938 (Schriften des Bundesarchivs, 16/III), Boppard am Rhein 1975

Altrock, Constantin v.: Geschichte des Königin Elisabeth Garde-Grenadier-Regiments Nr. 3. Von seiner Stiftung 1859 bis zum Jahre 1896, Berlin 1897

Altrock, Constantin v.: Geschichte des Königin Elisabeth Garde-Grenadier-Regiments Nr. 3, 2. erweiterte Auflage, Berlin 1909

Bark, Willy: Chronik von Alt-Westend mit Schloss Ruhwald, Spandauer Bock und Fürstenbrunn, in: Schriften des Vereins für die Geschichte Berlins, 1937, Heft 56

Berlin und seine Bauten, hrsg. vom Architekten-Verein zu Berlin, Berlin 1877

Berlin und seine Bauten, bearbeitet und hrsg. vom Architekten-Verein zu Berlin und der Vereinigung Berliner Architekten, Berlin 1896

Berliner Bau- und Wohnungsgenossenschaft von 1892, Festschrift zum 75jährigen Bestehen, Berlin 1967

Berliner Bezirkslexikon Charlottenburg-Wilmersdorf, hrsg. von Hans-Jürgen Mende und Kurt Wernicke, Berlin 2005

Bertram (Hauptmann): Das Regiment General Göring, in: Jahrbuch der Deutschen Luftwaffe, Leipzig 1940

Brandt, Stephan: Berlin-Westend, Erfurt 2009

Die Bauwerke und Kunstdenkmäler von Berlin, Stadt und Bezirk Charlottenburg, hrsg. von Paul Ortwin Rave, bearbeitet von Irmgard Wirth, Berlin 1961

Dürre, G.-Michael: Die steinerne Garnison. Die Geschichte der Berliner Militärbauten, Berlin 2001

Engel, Helmut: Charlottenburg. Residenzstadt, Großstadt, City, Berlin 1993

Ethos und Pathos, Die Berliner Bildhauerschule 1786–1914, hrsg. von Peter Bloch u. a., Berlin 1990

Führer durch Charlottenburg für den XV. Deutschen Feuerwehrtag am 9.–12. Juli 1898, Charlottenburg 1898

Gundlach, Wilhelm: Geschichte der Stadt Charlottenburg, 2 Bde., Berlin 1905

Klinkott, Manfred: Die Backsteinbaukunst der Berliner Schule. Von K. F. Schinkel bis zum Ausgang des Jahrhunderts. (Die Bauwerke und Kunstdenkmäler von Berlin, Beiheft 15), Berlin 1988

Königin Elisabeth Garde-Grenadier-Regiment Nr. 3. Festschrift zur Denkmalsweihe für seine im Weltkriege gefallenen Helden am 3. Mai 1925, hrsg. von Constantin von Altrock, Berlin 1925

Peuser, Clemens-Maria / Peuser, Michael: Charlottenburg in königlicher und kaiserlicher Zeit, Kaiserslautern 2004

60 Jahre Berliner Bau- und Wohnungsgenossenschaft von 1892, Festschrift, Berlin 1952

Tessin, Georg: Formationsgeschichte der Wehrmacht 1933–1939. Stäbe und Truppenteile des Heeres und der Luftwaffe (Schriften des Bundesarchiv), Boppard am Rhein 1959

Weber, Klaus Konrad: Militärbauten, in: Berlin und seine Bauten, Teil III, Bauwerke für Regierung und Verwaltung, hrsg. vom Architekten- und Ingenieur-Verein zu Berlin, Berlin/München 1966

Westend. Ein Berliner Ortsteil in Geschichte und Gegenwart. Text: Annemarie Weber, Photographie: Nikolas Safft, Berlin 1986

Wir helfen. Das THW gestern – heute – morgen, hrsg. im Auftrag der Bundesanstalt Technisches Hilfswerk von Gernot Wittling, Bonn 2000

Woche, Klaus-Rainer: Vom Wecken bis zum Zapfenstreich. Vier Jahrhunderte Garnison Berlin, Berg am See 1986

Zukunft gemeinsam gestalten. Das THW, Rückblick und Auftrag, hrsg. von der Bundesvereinigung der Helfer und Förderer des Technischen Hilfswerkes e. V., Berlin (2009)

Abbildungsquellen

Altrock, Constantin v.: Geschichte des Königin Elisabeth Garde-Grenadier-Regiments Nr. 3, Berlin 1897: S. 35 o.

Altrock, Constantin v.: Geschichte des Königin Elisabeth Garde-Grenadier-Regiments Nr. 3, 2. erweiterte Auflage, Berlin 1909: S. 37 r. o.

Berliner Bau- und Wohnungsgenossenschaft von 1892, Fotoarchiv: S. 40 u., 41 o., 53, 54

Berlin und seine Bauten, bearbeitet und herausgegeben vom Architekten-Verein zu Berlin und der Vereinigung Berliner Architekten, Berlin 1896: S. 15, 16 o., 17, 19, 27, 28

Berlin und seine Bauten, Teil III, Bauwerke für Regierung und Verwaltung, hrsg. vom Architekten- und Ingenieur-Verein zu Berlin, Berlin / München 1966: S. 20 u.

Bezirksamt Charlottenburg-Wilmersdorf von Berlin, Bauaktenarchiv: S. 25, 29, 36, 41 u., 58/59, 61 u., 62 o., 63, 65

Bildagentur für Kunst und Geschichte, Berlin (bpk): S. 14, 21, 26

Bundesamt für Bauwesen und Raumordnung, Berlin, Planarchiv: S. 75, 76, 77, 78, 81

Bundesanstalt Technisches Hilfswerk, Archiv Landesverband Berlin, Brandenburg, Sachsen-Anhalt: S. 51, 60, 61 o., 79, 80 m., 80 u., 82, 83, 84, 85 o.

Bundesanstalt Technisches Hilfswerk, Archiv Ortsverband Charlottenburg-Wilmersdorf: S. 62 u., 72, 73, 80 o.

Fotobestand W. Schäche, Berlin: S. 37 l. o., 44/45, 66, 85 u., 87 o.

Heimatmuseum Charlottenburg-Wilmersdorf, Berlin: S. 31 u., 32, 33, 34

Jo Berghammer / FACEGARDEN ©, Berlin: S. 11, 87 u., 88, 89, 90, 91, 92, 93, 95, 96, 97, 98 o., 98 m.

Landesarchiv Berlin, Fotosammlung: S. 16 u., 18, 20 o., 24

Landesarchiv Berlin, Kartenabteilung: S. 39, 47, 56/57, 64

Landesdenkmalamt Berlin, Fotosammlung: S. 31 o., 52, 55

Metzger, Manfred, Berlin: S. 98 u.

Peuser, Clemens-Maria / Peuser, Michael: Charlottenburg in königlicher und kaiserlicher Zeit, Kaiserslautern 2004: S. 23, 35 u., 40 o.

RCAHMS images, Edinburgh / Großbritannien: S. 50, 71

Rigpa-Verein für tibetischen Buddhismus e. V., Berlin: S. 67

Sammlung Stephan Brandt, Berlin: S. 42, 43

Senatsverwaltung für Stadtentwicklung Berlin, Abt. III D: S. 48, 69

Siemens Corporate Archives, München: S. 30

Stadtplanungs- und Vermessungsamt Charlottenburg-Wilmersdorf v. Berlin: S. 68

Die Autoren

Wolfgang Schäche
geboren 1948 in Berlin, Architekt und Bauhistoriker, seit 1988 Professor für Baugeschichte und Architekturtheorie an der Beuth Hochschule für Technik Berlin. Forschungen zur Architektur- und Stadtgeschichte des 19. und 20. Jahrhunderts sowie zu denkmalpflegerischen Themenstellungen.

Zahlreiche Veröffentlichungen u. a.: Von Berlin nach Germania. Über die Zerstörungen der Reichshauptstadt durch Albert Speers Neugestaltungsmaßnahmen (zusammen mit Hans J. Reichhardt, 1998); Das Stadthaus. Geschichte, Bestand und Wandel eines Baudenkmals (Hrsg., 2000); Das Reichssportfeld. Architektur im Spannungsfeld von Sport und Macht (zusammen mit Norbert Szymanski, 2001); Die Lennéstraße im Tiergartenviertel. Geschichte und Perspektive einer Berliner Adresse (zusammen mit Norbert Szymanski, 2003); Ein Haus am Oranienplatz in Berlin (Hrsg., 2004); Paul Zucker. Der vergessene Architekt (zusammen mit Norbert Szymanski, 2005); Hildebrand Machleidt, Planungen für die Stadt (Hrsg., 2006); Brunnenstraße 181. Vom voigtländischen Siedlerhaus zur Stadtbibliothek Mitte (zusammen mit Norbert Szymanski, 2009); DatenReich im Verborgenen. Das Berlin Document Center in Berlin-Zehlendorf (zusammen hrsg. mit Sabine Weißler, 2010).

Norbert Szymanski
geboren 1948 in Berlin, Architekt und Bauhistoriker, seit 1988 wissenschaftlicher Mitarbeiter des Büros für Architektur und Stadtforschung, Berlin. Co-Autor zahlreicher architektur- und stadthistorischer Arbeiten, denkmalpflegerischer Gutachten sowie wissenschaftlicher Veröffentlichungen von Wolfgang Schäche.